全球最美的地方
驚豔歐洲

《環球國家地理》編輯委員會　編著

前言

　　俄羅斯的散文大師普里什文曾做如下論斷：「在人類的心靈裡包含著整個大自然。」自由自在地棲居在自然之中、大地之上，想必是人類最好的生存方式。而縱觀世界，能將人文與自然如此典雅地結合起來的，恐怕非歐洲莫屬。城市文化是它的內涵，流轉百年，愈加醇香；美麗風光是它的標識，時而純淨，時而浪漫，時而優雅，時而厚重。

　　與向來熱熱鬧鬧的美國相比，歐洲顯然是偏於沉思型的，就像西方世界中的貴族，儘管神情有些許落寞，那也是驕傲的落寞。西方文明在這裡發源，近代文明在此鋪展，一片大陸之上幾十個國家文化繁衍生息，優雅的英國、浪漫的法國，嚴謹的德國，熱情的西班牙，靜謐的挪威，純淨的瑞士……歐洲每一處土地都具有自己的文化內涵，綿長的歷史既能帶我們回到古羅馬征殺的塵囂戰場，也能帶我們重溫文藝復興時的漫天星光。

　　有人曾說歐洲是五彩的。是的，它的生活既生動又沉靜，每一座城市流光溢彩中變幻著獨特的風情。也有人說歐洲是純色的，不關文化，只是那片土地，誠然如此。地中海的浪花，阿爾卑斯山的雪色，愛爾蘭草原的綠野……歐洲的景色總是純淨得一塌糊塗，任何色彩都是簡簡單單的純色，僅此就將自然之美演繹到了極致。

　　一本書無力改變一個世界，但卻可能改變一個人的生活方式，這冊書就是期望通過一篇篇可能並不盡美的文字和大量的圖片，帶你行走在歐洲的海與天之間，與自然、文化、傳統逐一進行近距離接觸。

　　願您的心與眼睛一起跟隨本書感受生命悸動的美麗，行走在歐洲，天堂就會走進你的心中。

Chapter 4

精美特寫／128

仰望的奇蹟

光輝屬於上帝

Chapter 5

別樣風情／198

序

幕

歐洲的海與天
Prologue
From Sea to the sky

所有人的旅行記憶其實都在描述一個自己心目中的天堂，有多少人就有多少個天堂，而真實的天堂，是我們永遠無法抵達的地方。天堂在哪裡？當我們痛苦追尋時，卻怎麼也無法輕視隱於心中的歐洲情懷。曾經深深浸染在西方文化之中，而它的發源地依然朦朧。那片歐洲的海與天，在每個人的想像中，儘管它是那麼地清晰、那麼地觸手可及，我們卻只能通過文字探尋這處天堂的真實和純粹，雖然它更可能是最後幾個無法用文字而言的地方。雙眼裝滿了真誠的渴望，也許這就是歐洲要給予我們的。

歐洲，英文為Europe。關於這個名稱的由來，說法頗多。一說希臘神話中掌管農事的德米特女神騎在公牛背上巡視著這片土地，在她的庇護下，這片土地五穀豐登，人畜興旺。因為她又名歐羅巴，出於對她的敬意，人們就以此給這片土地命名。相較而言，另外

　　一種說法充滿了浪漫的英雄主義精神，更廣為流傳。偉大的「萬神之王」宙斯對腓尼基國王的漂亮公主歐羅巴一見傾心，想終身相守，又怕美人拒絕，滿目愁容。一日，歐羅巴與眾女伴在海邊嬉戲，一頭雄健的公牛溫馴地伏在她身邊，歐羅巴瞬間就喜歡上了牠，便跨上牛背，未曾想到公牛一會兒騰空而起，一會兒破浪前行，直到抵達一片遠方的陸地才安然停下。這頭公牛就是宙斯所變，宙斯的苦心得到了回報，兩個人在這片土地上耕耘生活，這塊陸地也就以這位美麗公主的名字命名了。

　　關於這片大陸，任何才華橫溢的作家也無可說盡其魅力的筆力。一位名家旅居歐美多年，當對比兩處的區別時，他一言概之：「美國是行動的，而歐洲是沉思的；美國是功利的，而歐洲是符號的。」簡單的對比，點透了歐洲的內涵。這個喧囂的世界，缺少

✤如刀削般的山峰豎立在天地間,看風起雲湧。

的正是可以代表沉思的符號。歡騰的世界中慾望在我們內心翻騰,而靈魂中那些細膩的東西,還有誰在認真地聆聽!這就是我們現在的生活,殘缺又充滿了悖論,心靈的荒蕪在每天煎熬著。想要衝破牢籠,卻無處可逃,只好重複著昨天的事情。還好,世界上有那麼幾個地方,可以暫時容納我們的靈魂。去歐洲吧,阿爾卑斯山的雪、中世紀的教堂、多瑙河的清波……那些前往歐洲的行者,很多人將自己的腳步駐足在歐洲,他們找到了自己丟失的靈魂。你呢?

歐洲,總能找到你想要的。出遊之前如果知曉每一處風景背後的故事,不論深邃也好、浪漫也好、慘烈也好,或者僅僅就是美麗,都足以讓行者沉浸其中時別有所思,彷若心也在旅行,在千百年的時光中,在千萬里的空間裡。這就是本書的目的,讓心與眼睛一起行走。其實,每個人都希望在自己身上有故事發生,而行走也是實現夢想的一種方式。這片大陸處處是故事,清新的海風夾雜著碎碎的歷史塵埃,撫

摸著每一個來到它懷抱的人。在路上的意義更多的不是路，而在於行，這是一種生命態度。

行走與漂泊，如若皈依某種精神，則更錦上添花。年少愛做夢，女孩子希望與最愛的人牽手散步在世界上最浪漫的地方；男孩子希望在最美的地方和最愛的人幸福的生活，於是便有了無數經典情節牢牢嵌入我們的腦海。在某一天，和那個發誓愛到天荒地老的愛人，在香榭麗舍大道聽著木棉花開的聲音，在倫敦某個轉角喝杯咖啡，在羅馬假日中深情相擁，在大英博物館的藝術殿堂內徜徉，在哥德式教堂內彼此許願，在古堡中徹夜狂歡……抑或藏匿在挪威森林原木小屋靜靜地享受兩個人的孤獨。

❊呼吸著最清新的空氣，聆聽著最輕快的音符。

有人偏愛北歐，因為它的田園與澄靜；有人醉心西歐，因為它的奢華與沉重；有人迷戀東歐，因為它的滄桑與個性；有人鍾情中歐，因為它的悠閒和安逸。行走在歐洲的海與天中，可以厚重，可以文藝，可以唯美，可以瑣碎，可以淡然，也可以傳奇。湛藍的地中海、澄清的阿爾卑斯山脈、純淨的希臘、壯觀的羅馬、底蘊豐厚的佛羅倫斯、安靜的挪威、喧囂的那不勒斯、威嚴的梵蒂岡、精緻的摩納哥、休閒的尼斯、浪漫的巴黎、優雅的倫敦、別樣的威尼斯……

教堂與古堡、宮殿與古跡，沉浸在歐洲用醇厚的文化和歷史調和的醉人氛氳裡。隨處可見的中世紀印記、斑駁的古牆、陳年的古磚、一片片教堂的琉璃，歷史的沉澱和時間的痕跡在每一道裂縫中悠然瀰散。如果說美國代表了世界的發展潮流，那麼歐洲則代表了我們人類無論如何都不能捨棄的歷史淵源。

❊蔚藍的海水洗淨一切俗世的鉛華。

海與天造就了歐洲，這裡一直是上帝偏愛之地。它既古老又那麼的年輕，在世界的目光中，從容不迫地堅持著千年的傳統，舒展著自己氣質，一切都結合的那麼恰如其分，不論銀髮的女王還是旋轉的摩天輪。轉身是一處精彩，再轉身又是一種風景。

習慣了華燈初上時刹那的失落、習慣了假日宅於家中的落寞，眼睛漸漸乾澀，我們還要忍受多久？我們都需要走出去，扔掉疲憊與顧慮，行動起來吧！從從容容地呼吸新鮮的空氣。其實行走也是一種沉浸其中，忍不住思考的姿態，如果你是這樣敏感的人，那就去吧，歐洲的海與天在等待。

行走在歐洲，不僅關乎歐洲，更關乎我們對自身生活和內心的一次重新確認，原來只要抬起雙腳，我們就能碰到天堂，就在我們的心與眼中。事情就是這麼的簡單。

Chapter1
藍色印象

搜索地標：歐洲南部

Alps Mountain
阿爾卑斯山
歐洲的母親山

拿破崙曾不可一世的說到自己比阿爾卑斯山高大，這恰恰印證了阿爾卑斯山在歐洲人心中的位置。人注定無法與山水相比，不論你是梟雄抑或英雄。曾經的歐洲英雄早已無處可覓，而永恆的阿爾卑斯山依然橫亙在歐洲南部，聳峙依舊。

雄偉的阿爾卑斯山脈，像一個古老的故事在訴說著不朽的傳說。

阿爾卑斯山，沒有人能否認它於歐洲的意義。歐洲大地之上的山與水，哪條河流為歐洲的母親河總會有異議，卻沒有哪座山能與阿爾卑斯山相爭。從斯堪的納維亞半島到亞平寧半島，無一不得益於阿爾卑斯山的滋養。這條橫亙在歐洲南部的山脈，托起了歐洲的脊梁，無論河流抑或氣候。

　　拿破崙曾不可一世的說到自己比阿爾卑斯山高大，這恰恰印證了阿爾卑斯山在歐洲人心中的位置。人注定無法與山水相比，不論你是梟雄抑或英雄。曾經的歐洲英雄早已無處可覓，而永恆的阿爾卑斯山依然橫亙在歐洲南部，聳峙依舊。

　　如果評選最美的山，阿爾卑斯山一定能拔頭籌。說起山，信手拈來的便是「青山不老」，但凡美麗的山巒必然青翠滿身，阿爾卑斯山卻另闢蹊徑，要不滿山遍野撲面而來盡是童話般的顏色，讓人溫暖；要不雪峰連綿，純潔靜謐，讓人安寧。阿爾卑斯山，是一個美得讓人呼吸停滯的山巒。

　　想必沒有人能忘懷經典電影《真善美》中女主角帶領孩子放歌於阿爾卑斯山麓的快樂和自由。澄清的天空下，連綿的山巒就像搖曳的裙裾，裙角一勾便是串串漫著白雪的山峰，或高或低。照在雪峰頂的陽光，幻化出斑斕的色彩，雲蒸霞蔚，翻雲覆雨。雪線以下林木蒼翠，冷杉、雪松青蔥挺拔；白樺林鬱鬱蔥蔥，就像無數的紳士。山腳的青青草場無邊無際的伸向遠方，顏色深深淺淺，頗具動感。點綴其間的小花開得那麼高興，黃的、白的、紅的、紫的……星星點點，倒有些童趣。牛兒慵懶地甩著自己的長尾巴，慢悠悠地散步，牛鈴叮叮噹噹在若有若無的遠方。隨處可見的湖泊溪流，蕩漾著雪峰的倒影，一棵百年老樹將樹蔭灑滿了半個湖面。山腳下，紅瓦尖頂的小屋炊煙裊裊，

❋色彩鮮明的阿爾卑斯山如同一幅水粉畫。

小婦人正在精心熬製自家的梅子醬，風輕輕地吹過，香氣瞬時鋪滿了整個山坡。也許有人習慣將阿爾卑斯山比作一幅水粉畫，因為它鮮明的色彩，溫暖的感覺；其實阿爾卑斯山更像一幅寫意畫，不止一處風景，而是一種自由安寧純淨的生活。

　　走在德國的「阿爾卑斯路」上，隨意的一個轉角，一片蔥鬱中，隱隱一個中世紀的小鎮。氣定神閒的小鎮鵝卵石鋪就的小路異常乾淨，些許空蕩，原木的小木屋柴門微掩。籬笆上鮮花開得奼紫嫣紅，垂下的花朵宛若羞澀的少女。「我有一所房子，面朝大海，春暖花開……」如若海子走到阿爾卑斯山，也會就此停歇。

　　瑞士的「阿爾卑斯路」風景自有不同，座座雪峰刀刃般直插雲霄，深藍色天際下，皚皚白雪與燦爛的陽光交相輝映，耀眼而聖潔。在雪峰上漫步，新鮮的空氣充斥在體內，那麼的輕鬆，那麼的自由。千萬年堆積的厚厚積雪迎著風飄起陣陣雪花，落在臉上，輕柔蓬鬆，讓人莫名的感

❀藍天、白雲、雪山，在這藍白雙色的純淨世界裡，我們只有安然地接受，這是上帝的天國。

到幸福。找一處陽光，手捧一杯咖啡靜靜地坐下，周遭雲海蒸騰，遠遠的少女峰遮掩了面龐；雄偉的白朗峰無言的冷靜；陡峭的馬特洪峰寒光閃爍……你此刻還有思緒嗎？時間的片刻與永恆、生活的清明與平和，就在此地。

　　阿爾卑斯山是滑雪者的天堂，每個山丘都有一個天然的雪場，陽光、山風、歡笑和艱辛。沿著山脊的雪道，飛速的以「之」字型滑下，很快消失在雲霧中，忽而又從雲霧中鑽出，帶著耳邊呼嘯而過的風。飛揚的雪板，刮起了一片一片的雪花。其實你不一定非要滑雪，只是和冰雪保持戀愛狀態的遠近距離就好，簡簡單單的撥拉兩下滑雪杖就可以了。華麗的裝備，在即將滑下的瞬間在崖邊高喊；那一刻，一切都是屬於你的。在這裡我們應該感謝阿爾卑斯山的冰川地形，沒有億萬年前聳立的冰川就不會有如此勝景。

　　奧地利提洛爾州的首府因斯布魯克群山環抱，被譽為「阿爾卑斯山的心臟」，這裡的美無須多言，它幾乎集中了阿爾卑斯山所有的精華：晶瑩的雪峰、濃密的樹林、美麗的湖區、清澈的山間流水，如畫的山谷、陡峭的山崖、平緩的牧場、還有那永久不化的冰川。山間散步，驀然的一座宮殿抑或一座城堡迎面而來，歐洲皇室曾經的悠閒歲月幾乎就扔給了這裡的山山水水。推開一座古堡厚厚的木門，也許就有一段傳奇在等你。

阿爾卑斯山的「珍珠」安錫湖，源自阿爾卑斯山深處的雪水清冽明亮，湛藍雪山倒影巍峨，湖心島疏影婆娑。泛舟湖上，滿目盡是阿爾卑斯山的各色美景，欲罷不能的魅力直直地衝擊著你的視覺，真真像在畫中悠遊一般。阿爾卑斯山麓湖泊無以數計，也許無法一一評述各自湖韻，卻不能否認因為阿爾卑斯山才有了它們。

當華格納走進這個澄清的阿爾卑斯山時，感慨阿爾卑斯山為「阿爾卑斯狂想曲」，它將自己毫無保留地給了歐洲，以至於當那些作家音樂家欠缺靈感時，只會躲進其中肆意地吸取它的營養。一個小鎮、一處山巒、一汪湖水、一座古堡……無所不在的靈感，感動著每一個人。

有人說，當你駐足在阿爾卑斯山脈之上，你便明白了幸福的含義。遼遠的天空融化了鬱積心中的煩悶；清冽的雪色蕩滌了壓抑的心情。也許我們注定無法脫離凡塵瑣事，但是片刻的歡愉總是應得的。功名利祿，終究身外之物，至少此刻與我們無關。莽莽雪山間，因為懂得而慈悲，因為慈悲而幸福。阿爾卑斯山，是一個讓我們懂得慈悲的山脈。

如若你有些疲倦，在找尋生命的意義時，請務必來阿爾卑斯山。

搜索地標：發源於德國西南部黑森林

Danube River

多瑙河 · 夢的故鄉

藍色多瑙河，那是一條怎樣美麗的河流？音樂家的靈感在它的水面上蕩漾，詩人們無數次輕吻它藍色的夢幻，聽著舞曲輕搖，便望見它自然優柔的美麗，恬靜溫和的美麗。而它的美麗也正如這首舞曲，令人禁不住的遐想，相信水流的盡頭，定然是夢的故鄉。

✤美麗的多瑙河總是帶給我們無限的遐想。

每個人的心上都有一片自己嚮往的地方。真正的旅行，即是回歸自然、回歸本真、回歸自己童年的夢中。「春天來了，大地在歡笑……」那條閃爍著璀璨寶石藍的多瑙河隨著小約翰史特勞斯的舞曲一起成為我們成長記憶中的一片無法揮去的光影。總有人會好奇地詢問為什麼有人那麼喜歡《藍色多瑙河》，那一刻，才知於我們而言，「藍色多瑙河」不僅僅是一條長河，不僅僅是一首舞曲。

藍色多瑙河，那是一條怎樣美麗的河流？音樂家的靈感在它的水面上蕩漾，詩人們無數次輕吻它藍色的夢幻，聽著舞曲輕搖，便望見它自然優柔的美麗，恬靜溫和的美麗。而它的美麗也正如這首舞曲，令人禁不住地遐想，相信水流的盡頭，定然是夢的故鄉。

一個地方是否受歡迎，名字便能具體展現一二。多瑙河大抵就是這麼一個地方。不管如何轉變，單單那幾個音，就幽幽的散發著高貴的氣息。多瑙河想必是世界上名字最多的河流，德語為Donau，捷克語為Dunaj，塞爾維亞一克羅地亞語及保加利亞語為Dunav，羅馬尼亞語為Dunzea，俄語為Dunay……這麼多名字只因多瑙河蜿蜒流經以上國家。德國南部黑森林山東麓679公尺的地方，一汪綠色的清泉彎彎曲曲地收羅了許許多多的溪流，一路向東越過巴伐利亞山區，而後貫穿了歐洲大地，直到注入黑海。在歐洲文明進程中多瑙河流域上演了無以言盡的傳說與故事，多瑙河因此又有了「無塵之路」的美譽。

❀夜幕中的多瑙河宛若一條璀璨的寶石項鏈鑲嵌在城市之中。

關於多瑙河名字，有眾多的傳說版本，無論主人公名字如何改變，都離不開愛情這個主題。也許，多瑙河空氣中就瀰漫著愛情的味道。男女英雄喜結良緣之日，驕傲的丈夫炫耀自己的勇敢與威猛，濁酒幾杯便和妻子比試武功，不料敗下陣來，一氣之下，殺死了妻子。酒醒之後丈夫懊悔不已，伏在妻子冰冷的屍體上自殺身亡。他的血慢慢流淌，成為今日不休不止的多瑙河。這個版本最悲壯，卻符合多瑙河的氣質，幽靜中帶著憂鬱，憂鬱中帶著高貴，有些矜持，有些自憐，最多的是無所拘束的自然。

❀幽靜中帶有憂鬱氣質的多瑙河水靜靜地流淌著。

「明鏡般的多瑙河」適合騎車而行，就像悠遊在童話世界。溫順的河水，嬉戲的水波，無遮無攔地跳躍著奔向遠方。多瑙河沒有任何人工的改造，自有的水千年來一直沿著自己的河道自娛自樂地流淌在歐洲大地之上。巴伐利亞人很不屑人們對萊因河的改造：多瑙河很自在，萊因河很後悔。

詩人貝克普寫道：「……在美麗的藍色多瑙河畔有寧靜的故鄉。」只因他的詩句，史特勞斯便為自己的曲子取名為藍色多瑙河。關於多瑙河的顏色，當我們因為這首樂曲固執的認為它是藍色時，總會有不同的聲音。科幻小說家儒勒·凡爾納並不認同，他有一部

*古老的小鎮和神秘的古堡與多瑙河交織在一起，呈現出寧靜的色彩。

*途經布達佩斯的多瑙河在鏈橋下靜靜流淌。

作品名為《美麗的黃色多瑙河》，他不無遺憾地說：「我也願意將多瑙河描繪成藍色，可是河水捲帶了兩岸沖積平原的泥土，因此它不可能是藍色的。」

不能否認，多瑙河並不是藍色的，至少它的上游不是純粹的藍色。源於森林的泉水，一定是澄清透亮的。德國段的多瑙河是斯文的綠色，那麼地純淨和靜謐。一路而下，更是蘊發出渾厚寧靜的綠。到了維也納處，春來江水綠如藍倒也是可能的，如此而來，詩人眼睛看到的自然是藍色的多瑙河。維也納的蔚藍色天空投影於多瑙河中，亦染得一江春水湛藍無比。藍色的多瑙河就像一枚純色的藍寶石，藍得風情萬種，藍得醉人心脾，藍得魅惑。此刻，小約翰史特勞斯的「藍色多瑙河」圓舞曲悠然而起，任誰也不想就此離開。音樂家心中的母親河永遠在春天流淌，永遠碧藍如洗。

有些風景很難用文字來表達，多瑙河流域瓦豪地區就是如此。一路而行，充滿神秘色彩的古堡和廢墟俯瞰著古老的小鎮和鄉村，大片大片的葡萄園連綿起伏，美麗的山丘峭壁點綴著蔥鬱的森林，偶爾可見的洋蔥頂鄉村教堂。瓦豪地區鄉村小鎮值得深入探訪，達梅爾克落滿橡樹籽的街道，搖曳著漂亮的小紫花；杜倫施坦古老的城牆圍築著巴洛克式的奧古斯丁修道院，斑駁的城堡透露著詭異的氣息；施皮茲「千桶山」城堡山釀造著醇美的上等葡萄酒……每一處都有奇妙的感受。

多瑙河一路創造了寫不盡的傳奇，「多瑙河的女神」維也納為音樂之都，古老的皇宮、議會和聖史蒂芬教堂的尖頂，彷若維也納頭上的珠飾，多瑙河恰如束在腰間的玉帶，

緩緩穿過維也納市區。除卻《藍色多瑙河》，海頓、莫札特、貝多芬等都用自己的方式充滿激情地表達著對多瑙河的愛慕與讚美。那些流傳後世的不朽之作，也許就在多瑙河畔一個古老的咖啡館寫就，維也納那條寂靜的小路上有著無數關於他們曾經的喜怒哀樂。「呼吸著你曾經呼吸過的空氣，穿越了時空幾百年」。沒有多瑙河便沒有維也納，誠然如此。

　　了解一條河一定要看河上的橋，尤其是斑駁的老橋。多瑙河上的老橋一般都簡單樸實，濕漉漉的苔蘚爬滿了底座，欄杆歪斜不一，幾處加固的木板又有了脫落的跡象。老橋孤獨而滄桑，它沒有傾訴的慾望，所有曾在此停駐的腥風血雨、悲歡離合都是過往。沒有東西是可以永遠擁有的，但有些是可以永遠存在的，在某個不知名的角落或者在自己都不了解的心靈某處。老橋於多瑙河，多瑙河於我們，都是這個意義所在吧！

　　藍色多瑙河，不止是音樂。

❋多瑙河滋養著瓦豪地區的土壤，使這裡成為值得一探的佳地。

*R*hine River

萊因河 ·人文之河

古老的屋門雕飾著美麗的玫瑰，狹窄小巷、石子小路、流水小橋，萊因河畔呂德斯海姆小城延續著古老的傳統，黑色桁架小樓點綴盛開的鮮花，精細而高雅的鋪面琳琅滿目，醇香的德國啤酒打碎了燃起的鄉愁。

雨果曾說：「我最愛的河流是萊因河。這條河，映照著整個歐洲的歷史。」萊因河千百年孕育出極富魅力的「萊因文化」，塑造了歐洲的兩個偉大民族——德意志和法蘭西；萊因河美在清靈，美在人文。

萊因河源起瑞士境內的阿爾卑斯山，向北穿越德法邊界進入德國境內，最後經荷蘭注入北海。瑞士的冰雪、荷蘭的風車、德國的古堡，世界上恐怕沒有

哪條河流像萊因河那樣兩岸匯聚了如此眾多古老而聞名的城鎮：巴塞爾、史特拉斯堡、美因茲、科隆、呂德斯海姆……河水茵綠，山巒連綿，草色青蔥，總有童話般的百年城堡若隱若現，此為萊因河獨有之魅力，天然水靈又不失人文。

萊因河一路而行，只要你走近一座城市抑或一座古堡，就會感到厚重的歷史氣息，不經意間你就會發現一位哲學家、一位音樂家、一位歷史學家……萊因河是一條瀰漫著思想與傳統的河流，不論你喜歡什麼，此處都能尋覓得到。

於德國而言，萊因河是它的母親河，德國曾經的沉寂與崛起都在那青山綠水之中。綿長蜿蜒的萊因河流域面積占德國總面積的40%，而從科隆到美因茲一段是萊因河最美的景色，「江作青羅帶，山如碧玉簪」，小家碧玉般秀美的萊因河谷，近50多座的古堡與宮殿都是有故事的，不論煌煌國家事抑或幽幽兒女情。

❋萊因河畔如畫的風景。

航行於萊因河，清風拂面，滿目蔥蘢。兩岸錯落有致的古堡斑斑駁駁，異國風情的建築點點而樓，玲瓏的葡萄園大片的延伸著，萊因島上高聳的「鼠塔」指引著過往的船隻，紀念德意志統一的尼德瓦爾德紀念碑直插雲霄，河中倒影飄曳。

「羅蕾萊山崖」是萊因河為數不多的險惡地段，河道狹窄，暗礁林立、漩渦四起，巨石突兀、岩壁陡峭，相傳此處有位美麗的女妖羅蕾萊，夜間她一邊在巨石上梳理自己長長的金髮，一邊用甜美的歌聲迷惑過往的漁夫。浪漫而悲情，恰恰是德國文學的精髓。

古老的屋門雕飾著美麗的玫瑰，狹窄小巷，石子小路，流水小橋，萊因河畔呂德斯海姆小城延續著古老的傳統，黑色桁架小樓點綴盛開的鮮花，精細而高雅的鋪面琳琅滿目，醇香的德國啤酒打碎了燃起的鄉愁。

萊因河之美彙集厚重與輕靈，歷史與童話，華格納的歌劇只適合萊因河。

Volga River

窩瓦河·*俄羅斯的母親河*

窩瓦河於俄羅斯，就像黃河於中國。窩瓦河是俄羅斯的眾神之河，俄羅斯幾乎所有的偉人都來自這裡，幾乎所有的事件都發生於此，幾乎所有的不幸與輝煌都在窩瓦河畔，窩瓦河見證了俄羅斯的歷史和一切。

美麗的窩瓦河像一首婉約的詞，在廣袤的俄羅斯大地上靜靜地流淌，無窮無盡的滋養著世世代代的俄羅斯人民。寬廣的河面波瀾不驚，些許溫順，彷若一位飽經風霜的母親，唯一的企盼是子女甜美的笑顏。

窩瓦河於俄羅斯，就像黃河於中國。窩瓦河是俄羅斯的眾神之河，俄羅斯幾乎所有的偉人都來自這裡，幾乎所有的事件都發生於此，幾乎所有的不幸與輝煌都在窩瓦河畔，窩瓦河見證了俄羅斯的歷史和一切。

窩瓦河畔白樺林中傳來的優美旋律總有淡淡的憂傷，這是俄羅斯大地的聲音。普希金、柴可夫斯基、列賓、高爾基……窩瓦河給了他們靈感，自然與純真是母親河的饋贈。無法想像，如果沒有了窩瓦河，俄羅斯的文學藝術會如何的蒼白。

❋夜幕中的窩瓦河璀璨奪目。

古老的窩瓦河承載了太多的往事，曾經的滄海只餘貴族般的從容，其中的忐忑，又能有幾人讀懂。3690公里流程，或者激流穿谷，峽壁蒼茫；或者開闊平穩，野馬出沒；或者無邊無際的白樺林罕有人煙，偶有城鎮一定是曾經風雲變幻的核心。繁榮欣喜的窩瓦河三角洲，冷艷的蓮花綻放著自己的孤傲；高高的葦叢中黑天鵝翩然起舞；白天鵝恬意的梳理著羽毛；蒼鷺善舞的長腿邁著優雅的步伐；鵜鶘搭建的巢穴彷若盛開在水面上的雲朵。

沿河而行，總有「洋蔥頭」似的圓頂教堂不期而遇，陽光下的金箔異常輝煌，紅紅白白的牆體乾淨明亮；冰天雪地中凝聚著這個民族的力量。最美不過夕陽西垂，窩瓦河霞披雲蔚，河面上飄著一層若隱若現的薄紗，落霞與孤鶩齊飛，點點村落盡化作黛色的剪影，流光溢彩中天地一色。列維坦的《雨後》、《窩瓦河的夜晚》畫出了窩瓦河的風景，更畫出了窩瓦河的靈魂。凝視，不過浮光掠影；離開，把思念留在這裡；回想，一生的時間未必能重回夢裡。

❋穿過白樺樹看著靜靜流淌的窩瓦河，一絲淡淡的憂傷輕輕滑過。

窩瓦河轉彎之處，山巒之下土木搭建的碉堡塔樓隱於林木之中，古老的俄羅斯城市由此走來，防禦，是無奈的首要任務。「後面是窩瓦河，我們沒有退路。」史達林格勒保衛戰將納粹前進的步伐止在了距離窩瓦河800公尺的地方，當時史達林格勒已形同廢墟，平靜的窩瓦河再次庇護了它苦難的子民。低沉粗獷壓抑的縴夫曲劃破了蔚藍的天空。

遊窩瓦河，此行，你會真正了解俄羅斯這個民族。

搜索地標：南歐、北非及西亞之間

Mediterranean Sea
地中海
西方文明的搖籃

地中海並沒有潔白細膩的沙灘，亦沒有洶湧澎湃的波濤，僅僅那一抹水天相交的湛藍，就足以令人無法移目。

地中海就是一片走過而會永遠入夢的海域，那片蔚藍讓人幸福的相信：面朝大海，便會春暖花開。「懷念一個地方，只能適可而止，不然就回不到現實世界」。

地中海的英文「Mediterranean」源自拉丁文，意為地球的中心。而地中海於西方乃至全人類文明發展的意義，無須諱言。作為世界上最古老的海域，地中海千帆過後彷若心如止水，波瀾不驚地睡在三大洲的懷抱中，儘管周遭地震頻繁、火山活躍。有人說，地中海是上帝的使者，因它，西方幾千年的文明才能生生不

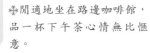

❀閒適地坐在路邊咖啡館，品一杯下午茶心情無比愜意。

息：古埃及文明、古希臘文明和古羅馬文明。腓尼基人、克里特人、希臘人……享受著地中海的恩賜，燦爛的海洋文明造就了西方不老的神話。哥倫布、達伽馬、麥哲倫從地中海開闢了新航路，彼此幾乎隔絕的世界才成為一體。

三大洲的交通要道注定了地中海的腥風血雨，凱撒、亞歷山大、奧古斯都、拿破崙……無數英雄終其一生都試圖征服這片海域。近代文明的濫觴更加劇了地中海控制權的爭奪。曾經的「日不落帝國」將地中海納為「內海」，一戰英德軍艦游弋互探；二戰兩大軍事集團

✦寧靜的港灣悄然入夢。

艦隊劍拔弩張。時至今日,西方各國仍未放鬆對地中海的爭奪。只是這些並不妨礙地中海的風花雪月,絕美氣質。

地中海並沒有潔白細膩的沙灘,亦沒有洶湧澎湃的波濤,僅僅那一抹水天相交的湛藍,就足以令人無法移目。明媚陽光下,地中海既像綴滿亮片的藍絲絨,又像柔滑的觸若無物的絲絹,厚重而尊貴的深藍就那麼流瀉開來,鬆鬆地打著一些折皺,一絲慵懶,些許雍容,幾分華貴。想想如若自己暢遊在如此碧藍的海水中,該是怎樣一番感慨。遊累了,靜靜的看著那片無邊無際的藍,自己的心也是那麼的開闊了。當然,順便欣賞一下地中海血統的古典美女,更無心離去。

暢遊在地中海,或者枕著橄欖枝入夢,或者徘徊在金字塔,或者在愛琴海談情,或者上午在歐洲,下午在亞洲,晚上在非洲。地中海陽光燦爛的上空滿是令人愉悅的澄藍,憑海臨風,一邊是藍得透徹的海,一邊是蜿蜒曲折的海岸,純

純的美將時間停止，凝固了一切。歲月的積澱並未改變地中海的容顏，千年的時間雕刻使地中海歷史的紋路清晰可見。陡峭的崖壁、眾多的港口……極盡自然的歷史寫就極盡自然的美，這就是地中海。

地中海極盡自然的純美，已然成為一種生活標誌。蔚藍色的浪漫氣息，悠閒的生活方式，在喧囂的都市，每個人都需要這樣一片精神的棲息地。地中海北岸的居民永遠都能把日子過出色彩來，不需繁複，簡簡單單透盡樂觀與幸福。他們把品味延伸到每一個角落，全方位地體會著生活之美。精緻的拱門與半拱門、馬蹄狀的門窗、手工刷漆的粉白牆面、被海風經年吹掠的灰色或橘黃色牆體，沒有過多色彩、線條簡潔的木質傢俱，僅以上，就成為世界流行的地中海風格家居。當我們無法寄望於改變生活軌跡時，能做的唯有順其自然，也許地中海風格的家居給我們的便是幸福感的滿足。

地中海沿岸從西班牙的巴塞隆納到摩洛哥再到希臘，只有兩個顏色是永恆的，藍與白。碧藍天空蔚藍海岸、白色沙灘白色村莊，以至於門框、桌椅、牆面、用具無不藍白相配，純淨的組合讓人舒服，走在小鵝卵石鋪成的路面，叮噹作響，空氣中都瀰漫著乾淨的心情。高高低低的建築面海而建，坐在陽台上的鞦韆中，看落日入海，甚為寫意。

沿地中海海岸一路向南。義大利、法國南部盛開的向日葵、薰衣草，大片大片的金黃、大片大片的藍紫，明亮快樂的顏色極端地綻放著。長裙曳地，挽一竹藍，輕輕採摘一束薰衣草，而後迎著地中海微甜的海風行於路上。

上帝知曉異性相吸，地中海北岸浪漫明亮的色彩，到了南岸便沉靜下來。北非粗獷的

滾滾黃沙、蒼涼的紅褐色岩床、金黃的銅礦……油畫般強烈
的顏色組合在一起卻有些許淡雅的感覺，這是一種親近土地
的溫暖感覺。習慣了浪漫，腳踏實地也是一種生活。

　　地中海眾多的島嶼被稱為地中海的女兒，而西西
里島就是地中海諸島中的長女，如今依然美艷妖嬈。
有人戲稱西西里島之所以攝人心魂，是因為它同時混
合著小家碧玉的貞靜與煙花女子的撩撥。讓虎視者在
欲迎還拒中乖乖就範。西西里島繁雜的過往驗證了地
中海於世界的意義。西西里島曾被西方各大文明肆意
地征服過，寵幸過，欺凌過，拋棄過。千年時間沉澱留
下的只有西西里島這片土地，繁華依舊，驚艷依舊。西西
里島總是遠在你所能想像和觸及的極限之外。

❀聖尤菲米婭教堂的尖頂矗立
在伊斯特利亞半島上，是小鎮
最華麗的巴洛克式建築。

　　關押基督山伯爵的伊夫島孤零零的矗立在地中海的深
處，來到這裡，你會發現監獄也可以位於天堂裡面。森嚴的
古堡監獄斷絕著外界的一切，深邃的海水與燦爛陽光的地中
海風情搖曳生姿。自由與仇恨有何關聯，基督山伯爵的越獄
給了最好的解釋。從「天堂」中逃離，還是會回到天堂的。

　　地中海，這個造物者如此偏袒的所在，真的令人妒忌。
這是個還沒離去就已經讓人懷念的所在。

搜索地標：源起挪威的斯特達爾斯佈雷恩地區

Scandinavian Peninsula

斯堪的那維亞半島

· 靈魂之淨土

神秘的極光與忠誠的雪撬犬是斯堪的那維亞半島永恆的主題，離開原木小屋裡暖暖的爐火，與雪撬犬耳語一番，迷離的極光，無言的許願，整裝待發，童年的夢想就在不遠的森林深處。

＊斯堪的那維亞半島的美麗猶如一首柔美的詠歎調。

當你習慣一人時，請來斯堪的那維亞半島；當你想一個人時，更要來斯堪的那維亞半島。這是一片遠離喧囂的土地，清冽的風與飄零的雪似乎使人忘記了思考，但是如此靜謐的雪山、如此神秘的峽灣、如此精緻的小屋、如此蔚藍的天空，恐怕你再也找不到第二處了。

英國詩人華茲華斯曾說過：「英格蘭湖區的美景使他成為一個詩人，但是無論怎麼樣的言辭也描繪不出他所見美景之萬一。」這句話同樣適用於斯堪的那維亞半島，隨意一座山、一棵樹、一汪水都如詩如畫，都能拍攝出絕美的畫面。

斯堪的那維亞半島其實也是色彩絢麗的，五彩的森林，就像一首柔美的詠歎調，深綠色、金黃色、楓紅色，還有落

葉的秋黃色，柔和而淡雅。落葉飄然，彷彿那色澤也融入了
大地中，隱約可見的古堡風情雅致。澄清的天空，零零落落
的湖泊有著出於凡塵的純淨，像極了秋日的童話。坐於一
隅，看湖中樹蔭婆娑，偷閒半日時光，就那麼發發呆也好。

　　斯堪的那維亞半島，也許確實有些許寒冷，些許空曠，
但是這並不妨礙我們放逐自己的願望。挪威茂密森林可以包
容我們的任性，瑞典沉靜的湖水可以承載我們的孤獨；北緯
66再往北，到斯堪的那維亞半島的北角去感受天的盡頭。沿
著挪威王國綿長的海岸線，與每一個風景綺麗的峽灣做親密
接觸；走過一寸寸年輕而古老的土地，在瑞典絢麗的陽光中
與浪漫不期而遇。

　　神秘的極光與忠誠的雪橇犬是斯堪的那維亞半島永恆的
主題，離開原木小屋裡暖暖的爐火，與雪橇犬耳語一番，迷
離的極光，無言的許願，整裝待發，童年的夢想就在不遠的
森林深處。

　　斯堪的那維亞半島的建築有著相似的風格，它們並不需
要多變的樣式來豐富天空的顏色。斯德哥爾摩銀裝素裹中紅
磚建築青銅屋頂，明黃、明紅、明藍色調暖暖的照進人心
裡，不需要多麼的絢麗，清晰、簡單明瞭就夠了。就像斯堪
的那維亞半島人一樣，與世無爭的過著淡淡的生活，無論什
麼，都以休閒的態度去面對，沒有什麼大不了的。斯堪的那
維亞半島人煙稀少，彼此都給對方足夠的私人空間，沒有過
於親近的壓迫感，即使只有幾戶人家的村莊，房子也會相隔
很遠。來到此，悸動的心慢慢沉靜，飄於表面的浮躁也漸漸
褪卻。

　　將自己的心情裝入行囊，斯堪的那維亞半島在召喚。

✳山與水，屋與影的交織。

✳夢幻般的景色讓心去遊蕩。

搜索地標：北美洲東北部

Greenland
格陵蘭 · 千里冰封，萬里雪飄

遙遠冰凍的格陵蘭總給人無限地遐想，也難怪，這裡有太多成為神話的因素：巨大的冰蓋、無垠的苔原、長長的白雪、高聳的冰柱、出沒詭異的冰山、崢嶸的岩壁、淡綠色和淺玫瑰色的閃爍極光、蜿蜒的峽灣，還有愛斯基摩人和他們的雪橇犬。

❀神話般的格陵蘭留給人們太多幻想的可能。

格陵蘭，世界第一大島，被稱為「環球諸島的大哥大」，全島4/5的面積在北極圈以內。白色是這個島嶼的主色調，格陵蘭的冰雪冷艷遠勝他處，道道冰川劍拔弩張，綿延的冰山萬馬奔騰，歷史的雕刻在每一處都留下了印記。亙古不變的自然美一直未曾遠離這個孤獨的島嶼。

「格陵蘭」為丹麥語，意為「綠色的土地」，這片被冰雪妝點得像白雪公主般的土地為何得此春意盎然之名？這裡還有個古老的故事。北歐神話史詩薩迦記載，大約西元前982年，諾曼人紅鬍子埃里克森流放於冰島，他們一家決定向西航行尋找傳說中的陸地，卻意外發現了這個隱藏在白色之下的島嶼。埃里克森為這裡取名為「綠色的土地」，在日記中他寫道：「假如這個地方有個動人的名字，一定會吸引許多人到這裡來。」

埃里克森的足跡受到了追逐，隨之而來的人群絡繹不絕，都被這個充滿誘惑的名字所蒙蔽，但是他們在這裡的生活安寧悠然，至此幾百年的定居下來。原色的木屋，捕魚為食，染革為生，自由自在地看野鳥翱翔，聽流水潺潺，淡淡

的憂傷中是童話般的生活。

遙遠的格陵蘭總給人無限的遐想，因為這裡有太多成為神話的因素：巨大的冰蓋、無垠的苔原、長長的白晝、高聳的冰柱、出沒詭異的冰山，陡峭的岩壁，淡綠色和淺玫瑰色的閃爍極光，蜿蜒的峽灣，還有愛斯基摩人和他們的雪橇犬。冰雪的故事傳唱在世界的每一個角落。在歌謠中，格陵蘭是至純至美的象徵。

格陵蘭見證著生命的奇蹟和頑強，這裡的嚴寒超乎想像。茫茫冰原上青褐色的裸露岩石和起伏冰川間或出現，一些天堂般的村莊散落在東南海岸邊，彷彿世外桃源般的和外界斷了聯繫。南部野花遍地，五彩的盛開著。西海岸冰原上不時閃過馴鹿快速的身影，一身潔白的北極狐就像精靈一般快樂的玩耍著，北極熊拖著笨重的身軀追趕著獵物，海岸邊群居的海豹海象慵懶的曬著陽光，遠處鯨魚時而躍出水面，撒落漫天的浪花。

感謝它周圍的惡劣環境為我們保存了格陵蘭的純真和原始，這是一片最後的聖土。

❋巨大的冰川，在陽光的照映下呈現出多采的面貌，給寒冷的格陵蘭抹上一絲多姿的色彩。陡峭的岩壁透著淡綠色的植被，見證著生命的奇蹟和頑強。

Chapter2
沉醉美景

Mount Blanc

白朗峰

・風景入詩句，童話出湖區

在白朗峰的浪漫時空中，風都不忍前行，停住了腳步，讓你不禁想親近它，想窺視它的內心。這是一片淨土，沒有塵世的煩憂，沒有世俗的紛雜。

從《阿爾卑斯山上的雪》中看到了飛雪飄絮浪漫多情，淡淡的感傷瀰漫在天的角落。白朗峰，西歐之巔，阿爾卑斯山主峰，便擁有那在雲端飛翔的浪漫。

歐洲人對名字一向不太在乎，不論是人或物。輪到自家的巔頂，依舊不費心地起了個毫無詩意的名字「白山」，也對，遙望白朗峰身披銀袍，不是千年冰川便是萬年積雪，朗朗日光之下，山原之上唯有茫茫白色。除此之外，簡單的「白山」實在不能說盡白朗峰的

風情。

　　白朗峰艷壓群芳，挺拔的聳立在9座千尺高山之中。輪廓清晰，線條簡潔優美，有著少女的純潔和安靜，迷人的雪色瞬時即能打動任何人。晴空下，雪冠異常耀眼，霧氣輕飄也難掩它秀麗的容顏。藍天、白山在天地間無言的呼應，這就是自然的魅力，那一刻，你想跪拜蒼天，卻怕驚擾了這份清靜。在白朗峰的浪漫時空中，風都不忍前行，停住了腳步，讓你不禁想親近它，想窺視它的內心。這是一片淨土，沒有塵世的煩憂，沒有世俗的紛雜。

　　纜車穿行在雲中，腳下雲海翻騰，隨著海拔的升高，魂遊天外，伸手觸及崖壁，冰冷徹骨。白朗峰山腰深處別有洞天，冰雪之間點綴著幾汪藍色的湖泊，藍得幽深浩渺，藍得純淨無瑕，這裡彷若天堂一般靜謐純潔。水波輕搖霧色面紗，此刻不止浪漫二字，心與靈魂也甘願浸入其中。淡紫色的小花，倔強地綻放，星星點點散落在綠草之間，那是生命的奇蹟。

✽在白朗峰白色溫柔的外表下，隱藏著倔強的內心。

　　登頂西歐之巔，將歐洲踩於腳下，這是無數人的夢想。雖然歐洲白朗峰的海拔排不進世界高山的行列，但是它並不穩定的構造，頻繁的雪崩也令人心生畏懼。白色的雪片下，裸露的岩石冰冷黯淡，嶙峋突起，深深淺淺的表面暗藏殺機。銳利的岩石角，近乎垂直的雪山壁，從天而降的滾石，這就是白朗峰，外表閃爍著溫柔的白色，內裡卻是倔強而陰冷的黑褐色。雪山稜角處，一行登山者緩緩前行，繞過山灣，身影彷若在雲之端滑行抑或飛翔。

　　誠然，白朗峰的高度無法與聖母峰相比，但是聖母峰與世界的意義，也就是白朗峰與西歐的意義。白朗峰，浪漫裝點的白色之山。

搜索地標：瑞士與義大利之間的邊境

Mount Matterhorn

馬特洪峰

歐洲大陸的地理坐標

馬特洪峰，在歐洲人的集體記憶裡，它就是歐洲大陸的地理坐標，它代表了阿爾卑斯山脈，也代表了歐洲的登山歷程。

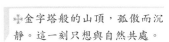

✦金字塔般的山頂，孤傲而沉靜。這一刻只想與自然共處。

里布法特，這位偉大的攀登者曾經這樣介紹馬特洪峰：「我從沒走出過家鄉普羅旺斯，但我知道馬特洪峰。讀書時，校長有次對我們說，『現在，畫出一座山。』所有的學生，不管是有意還是無意，統統都畫了馬特洪峰。」馬特洪峰，在歐洲人的集體記憶裡，它就是歐洲大陸的地理坐標，它代表了阿爾卑斯山脈，也代表了歐洲的登山歷程。

馬特洪峰並不是歐洲大陸最高的山峰，海拔4478公尺的它在阿爾卑斯諸峰中並不出眾。但是它起於平地，周圍無攔無擋，一柱擎天之勢直插雲霄。馬特洪峰，奇在它的外形，

金字塔般的山頂橫空出世，一副與世隔絕的姿態。山頂千萬年的冰雪積澱，陽光下閃耀奪目，層層的裸露岩石，折射出金屬般的光芒，孤傲沉靜。雲海蒸騰，山雪迷濛，那一刻就想與山共眠，回歸自然。

策馬特，這個山腳下的小鎮因馬特洪峰聲名鵲起，這裡是觀賞馬特洪峰日出的最佳地點。破曉時分，微露的陽光劃破山頂的薄霧，雪頂瞬間紅色磅礴。陽光下沉，馬特洪峰含羞地慢慢揭開面紗，直到金字塔山形完全籠罩在火紅的光影中。買杯咖啡，坐在這片光影中，想著令自己感動的人和事，會心一笑，生命的美麗就是如此。

馬特洪峰錐體般的山形使它成為現代登山運動的發祥地，馬特洪峰見證了登山運動的發展，在攀登者心中呈現出不同的形象。沿著如刀脊般的山岩向上攀登，耳邊呼嘯著強勁的寒風，疏鬆的石灰岩隨時可能斷裂……在登山最初的歷史中，馬特洪峰在歐洲人心中是與山難緊緊相連的，血與淚成就了它的威名。

如今，對於很多登山者來說，攀登馬特洪峰只是對最純粹的登山傳統的回歸，不過在喧囂的背後，馬特洪峰依然可以給登山者刺激和鼓勵，避開已經成為觀光路線的傳統登山路線，總有一些路線無人問津，黑褐色的岩石等待著你的親吻，賦予它新的生命。

對於登山者來說，馬特洪峰依然是一座未被馴服的嚴峻山峰，畢竟它依然變幻著外形。這就是它的魅力。

馬特洪峰，此處不需要柔情。

✤遙望馬特洪峰，在天與地之間靜思，心如湖水般平靜。

✤橫看成刀狀，側看卻像角峰，四面錐體東西南北各有味道。

搜索地標：瑞士茵特拉肯東南

Mount Jungfrau

少女峰

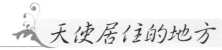

天使居住的地方

少女峰是阿爾卑斯山名副其實的「皇后」，通體白玉溫潤，雪冠嫣然。雪線以下，鋪開的草甸無邊無際。

有人說如果歐洲只去一座城市，那一定是巴黎；如果歐洲只看一處風景，那一定是少女峰。碧空白雲間，宛如一位少女，素顏長髮，雲紗半遮，靜臥天邊，這是天使居住的地方。

瑞士伯恩高地雪山密布，老人峰（艾格峰）、僧侶峰和少女峰三峰相連，眉目間傳遞著微語。相傳天使墜落少女峰，鮮花和森林讓她迷失，遂決定就此停步，並為它祈禱說：「從現在起，人們都會來親近你，讚美你並愛上你。」羞澀的少女峰猶抱琵琶半遮面般雲紗霞蔚，等待著咫尺間的僧侶峰，偏偏老人峰橫亙其間，千年而過，等待依舊，想必天使也懊悔當年的唐突。

少女峰是阿爾卑斯山名副其實的「皇后」，通體白玉溫

✿少女峰映著明亮的驕陽，異常的寧靜，令人神往。

潤，雪冠嫣然。雪線以下，鋪開的草甸無邊無際。古樸的村落灑落在山谷間，原始安詳。這裡彷彿沒有時間的概念，年復一年、日復一日，日子就那麼悠然的過著，難怪天使賴在這裡不走。

上世紀一位商人突發奇想，用16年時間在皚皚的少女峰上修建了一條登頂鐵路，如今已經成為少女峰獨特的登山體驗。坐上少女峰特有的齒輪小火車（又名雲霄火車），伴隨著齒輪富有節奏的擊打聲，沿著銀白陡灰的雪道，間或在冰川雪地裡爬行，間或穿越耗時十幾年修建的隧道，最終到達海拔4158公尺的峰頂，歐洲最高的火車站。這是一步步接近天際的旅程，如此淡然，如此平靜，人生不也就如此嗎？

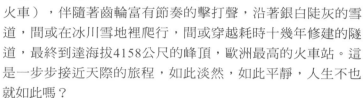

遠至維多利亞時代，這裡的湖光山色已讓皇家貴族傾心。

如同馬特洪峰腳下的策馬特，茵特拉肯，也因少女峰聲名遠揚。茵特拉肯在兩汪晶瑩明亮的湖水之間，演繹著濃濃的瑞士情懷。溫婉如玉的湖面垂落著三峰連綿的倒影，周遭林木色彩斑斕，天邊雪峰靜謐安然，瑞士最美在少女峰，此言確鑿。

夜幕降下，月華初上，遙望少女峰，彷若月宮中的嫦娥，婉轉自憐，美女也怕寂寞。

搜索地標：英國和法國之間

The White Cliffs of Dover

多佛海岸

海天間的月華

多佛海岸蜿蜒漫長，白色崖壁陡峭，宛若刀劈斧砍，海天一色中閃爍著
耀眼的光芒，就像母親眼眸裡的月光。這裡已經成為航海者的航標，
白色崖壁意味著彼岸的到達。

多佛海峽波濤詭譎，憤怒的海浪無情的在崖壁上刻下來來往往的印記。多佛海岸蜿蜒漫長，白色崖壁陡峭，宛若刀劈斧砍，海天一色中閃爍著耀眼的光芒，就像母親眼眸裡的月光。這裡已經成為航海者的航標，白色崖壁意味著彼岸的到達。

滄海桑田也許說的便是多佛海岸，因為它是由「貝殼」堆積而成的。億萬年前，富含碳酸鈣的貝殼死後沉入海底，層層堆砌，變形擠壓為鬆軟的岩石。當恐龍在白堊紀時期肆意馳騁時，海水和風力也雕刻出了多佛海岸綿延的白色懸崖，現在這裡時常可見貝殼化石，這些不會說話的石頭承載了地球的風雲變幻。海水風力依舊，億萬年後白色崖壁是否依存？

多佛海岸白色崖壁縫隙間見證了生命的頑強。海蓬子伸展著自己的腰身，儘管它不可能有多高的高度，幾片翠綠的葉子依然傲視著周圍的寂靜；偶爾可見黃色的海罌粟，嬌艷

✤多佛海岸那如刀劈斧砍般
的白色崖壁，見證了歷史的
滄桑與時空的變遷。

欲滴；更有野蘭花，飄逸著淡淡的香氣，海風中楚楚動人。在多佛海岸隨意的發現都那麼讓人欣喜，讓人溫暖。

漫步在多佛海岸，法國的加來港就近在眼前，如果碧空無雲，還可以看到加來街道上車來車往，只是這並不多見。也許兩千多年來無盡的爭霸，狹窄的多佛海峽習慣了戰爭，習慣了陰霾。由於特殊的地理位置，自古這裡就是戰略要塞，被稱為「Key To England」，多佛城堡便是

見證。多佛城堡名為城堡實為軍事工事，沿海岸線的兩道堤壩相互呼應，只留一個小小的入口，這是保護英格蘭的第一道防護屏障。城堡內通道狹窄，燈光昏暗，層層而下猶如迷宮。斑駁的牆壁依稀可見當年的血雨腥風。

二戰時期，英國海軍上將伯特倫·拉姆齊爵士在多佛城堡地道中成功地指揮了敦克爾克大撤退，保存了盟軍的力量。英國人對此津津樂道，就像1689年的光榮革命一樣引以為自豪。現在地道內佈置完全模擬當時的場景，歷史的真實感令人害怕，彷若回到了炮火紛飛的戰亂年代。

藍天碧海間的白色海岸，看到的不止是風景。

搜索地標：英國北愛爾蘭安特里姆郡北海岸

Giant's Causeway

巨人之路

冰與火的天梯

長 達8公里的石柱堤道，泛著赭褐色的光芒肆無忌憚的延伸到蔚藍色大海之中，濕漉漉的褐色石柱給人強烈的視覺衝擊，遠古洪荒氣息令人頓感蒼涼悲壯。

喜 怒無常的大西洋，漫天海浪吞噬了一切，卻倒在了英國北愛爾蘭海岸「巨人之路」岩柱腳下。長達8公里的石柱堤道，泛著赭褐色的光芒肆無忌憚地延伸到蔚藍色大海之中，浪花飛濺的白色泡沫氾濫而來又轉瞬而逝。濕漉漉的褐色石柱給人強烈的視覺衝擊，遠古洪荒氣息令人頓感蒼涼悲壯。

海灘上玄武岩石柱呈規則的六邊形稜柱體，大小均勻，

✤宛如人工開鑿般規整的玄武岩石柱，堆砌成林，令人驚歎。

美輪美奐。據統計,石柱多達38,000根,綿延逾公里且井然有序,乍一看好像人工開鑿一般規整。石柱成林,磅礴的氣勢令人歎為觀止。曾經節理清晰的柱體展示著億萬年歲月的痕跡,或斷裂或殘缺,高低錯落間有著閱盡人生的滄桑。石柱有的高達十幾公尺,有的沒於水中。稍微有些粗胖的就像伯爵家地窖中的「大酒缽」;瘦直挺拔的彷彿皇宮高高的「煙囪」,如若頂端寬大,多像「煙囪管帽」;而有些劃痕的則是貴婦人手中輕搖的「扇子」……形象未必貼切,自然之趣足矣。

「巨人之路」名字來源版本頗多,一說愛爾蘭巨人芬·麥克庫爾為了與蘇格蘭巨人角鬥,歷盡艱辛開鑿石柱,並把它們運到海底以鋪就通往蘇格蘭的堤道。大功告成後巨人決定睡上一覺,而他的對手捷足先登前來觀察敵情,卻被巨人的龐大身軀嚇倒,他匆忙間逃回蘇格蘭,同時將身後的堤道搗毀,只留殘垣斷壁依然矗立在海岸。一說巨人芬·麥克庫爾為了迎接遠在蘇格蘭的心上人而修建廊柱,懸崖千丈,萋萋綠草,海風中走來巨人美麗的新娘,巨人之路是他愛情的見證。巨人之路猶若天梯,連接著北愛爾蘭與蘇格蘭西海岸無法割斷的情緣。

✠歲月的痕跡在這裡盡顯,人生的滄桑從這裡飽讀。

風中的傳說美麗動人,其實巨人之路是千萬年冰與火的傑作。6000萬年前火山爆發流溢的熔岩結晶成無數的玄武岩柱石,而後水流侵蝕、海風拂過,演化為今天的奇異景象,巨人之路還在繼續著自己的演化之路,它會更加詭異;只是愈加瘦削的柱體讓人不禁擔心它的未來。

漫步在巨人之路,北望大西洋大浪淘沙;南望北愛爾蘭懸崖峭壁,石柱貫穿,獵獵風聲,任誰也不能無動於衷。古時戰事,而今的恐怖活動,曾經相連的板塊分割兩岸,唯有無言的石柱證明彼此曾經的親近。

搜索地標：義大利西西里島東岸

Mount Etna

埃特納火山

世界上最活躍的火山

噴 發的火山灰鋪積而成的肥沃土壤滋養著這裡的居民，花果飄香，林木挺拔，如此豐美的土地誰忍離去？埃特納火山，是魔鬼還是上帝，這是個問題。

埃 特納火山，歐洲最高的活火山，其噴發史可以上溯到西元前1500年，至今依然活躍，反倒成為一景，引無數人前往一睹其容顏。最近一次大規模噴發距今不過兩年時間不到。

埃特納火山奇異的分為截然不同的兩部分，山頂為300公尺高的火山渣錐，下部是一個巨大的盾形火山。點點積雪難掩已經凝固的熔岩。火山上布滿了蜂窩似的火山口，層層疊疊講述著它不平靜的歷史。火山深處不時傳來一聲悶響，隨即噴發的煙霧縹縹緲緲，幾公里外都能聞到硫黃的氣息。夜晚，火山孔道烈火熊熊，煙雲瀰漫，煞是壯觀。

噴發的火山灰鋪積而成的肥沃土壤滋養著這裡的居民，花果飄香，林木挺拔，如此豐美的土地誰忍離去？埃特納火山，是魔鬼還是上帝，這是個問題。

✻埃特納是有史記載以來最為活躍的火山，自其噴發以來死亡人數累計已達百萬。

搜索地標：義大利南部

Mount Vesuvius
維蘇威火山

未知的威脅

不能否認維蘇威火山的漂亮，青褐色的岩石直插雲霄，巨大的火山口近似一個完美的圓形，疏鬆的火山渣吱吱作響，不同時期的熔岩和火山灰閃爍著深淺不一的紅色，陽光下泛著一些浪漫的色彩，但是山坡上植被稀少，又荒涼得讓人窒息。

火山，在更多人的記憶裡是一處風景，人們知道它等於災難，只是固執地認為災難在遠處。維蘇威火山腳下的那不勒斯城一定不會這麼認為，因為這座世界聞名的火山還在活動著，就像它曾經帶給這片土地的毀滅性的災難一樣，它依然威脅著這裡。

❀因消失的龐貝古城而聞名天下的維蘇威火山，一個仍然活躍的火山。

不能否認維蘇威火山的漂亮，青褐色的岩石直插雲霄，巨大的火山口近似一個完美的圓形，疏鬆的火山渣吱吱作響，不同時期的熔岩和火山灰閃爍著深淺不一的紅色，陽光下泛著一些浪漫的色彩，但是山坡上植被稀少，又荒涼得讓人窒息。維蘇威火山口總是煙霧繚繞，預示著不可知的威脅。

維蘇威火山歷史上多次怒火沖天，火光四濺。西元79年，繁華榮耀的龐貝古城被維蘇威火山噴發的火山灰吞噬，只有1/4的居民倖免於難。1944年，維蘇威火山噴發時，同盟國軍隊和納粹士兵正在山腳下激戰，這些士兵居然忘記了本職都跑去看岩漿滾滾，碎石崩塌了。這是維蘇威火山最近的一次噴發，它的下一次會在什麼時候？

現在維蘇威火山周圍的居民近百萬，紫色的葡萄園星星點點。他們習慣了維蘇威火山每天的煙霧，只是這個鄰居並不友好，這是需要他們切記的。

搜索地標：捷克、德國境內

Elbe River

易北河

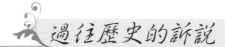

過往歷史的訴説

易 北河注定要和那個精緻奢華的年代相連，「歐洲心臟」的滄海桑田深深地烙刻在它的身上。恍惚間彷彿回到了中古世紀，不見了歷史的刀光劍影，只留下曾經輝煌的餘興。

易 北河，在捷克語和波蘭語中意為「拉貝河」，悠悠的從蘇德山脈流入捷克境內，然後拐了一個漂亮的弧形進入德國，最終在德國漢堡入北海，全長1165公里，是中歐地區的主要航道，無言地見證了來來往往過客的興衰榮辱。

易北河注定要和那個精緻奢華的年代相連，「歐洲心臟」的滄海桑田深深地烙刻在它的身上。流連在易北河兩岸，沒有高樓大廈的壓抑，沒有鋼筋水泥的冷漠，有的只是巴洛克式的幢幢小樓，用心雕刻的木製小橋，悠然走過的人群，恍惚間彷彿回到了中世紀，不見了歷史的刀光劍影，只

�֍德國漢堡的港口，在易北河的滋養下一片繁華景象。

留下曾經輝煌的餘興。

易北河有著貴族般的優雅，波瀾不驚，緩緩地滋潤著自己流經的每一寸土地，河風輕微，鷗鳥翩翩。易北河又是忙碌的，不論在落日的餘輝中還是在破曉的晨曦中，不管逆流而上抑或順流而下，總是汽笛陣陣，帆影點點，作為中歐地區的主要航道，又承載了民生重任。中歐的人民對易北河有一種天性的偏愛，買杯啤酒，與幾位德國老者坐於岸邊，滿眼易北河的美景，滿耳易北河的往事，思緒飄飛，在此聽易北河，就像在翻閱德國久遠的歷史。

德勒斯登被譽為「易北河畔的佛羅倫斯」，這個並不太大的城市濃縮了易北河的靈魂。城市的每一個角落都瀰漫著文藝復興時期古典濃厚的香醇。教堂、古堡，還有那數不清的古建築無一不彰顯著往日的繁華氣派，雖然歷史的斑駁清晰可見。易北河給了這座城市夢幻的存在，這裡演奏出了德國巴洛克時代最華美的樂章。

易北河入海處漢堡，這個德國最大的港口城市集萬千寵愛於一身，易北河給了它水鄉的氤氳和靈性，北海給了它非凡的氣度和胸懷，音樂給了它醉人的氣質。漢堡老城易北河段有世界上最大的倉庫城，紅色磚砌的新

哥德建築豎直向上，斑斑光影在各個倉庫間閃爍，淡淡的茶葉清香、濃濃的咖啡香時而考驗著你的嗅覺。這裡最美的地方就是易北河與北海相匯處，河、海、天一色，自然天然安然，藍天、白雲、滾滾逝水，只有這些才是永恆。

✿黃昏中的易北河有著無比嬌艷的美貌。

易北河有段歷史不能繞過，二戰時期美軍士兵和蘇聯盟友在小鎮托爾高的易北河會師標誌著歐洲二戰硝煙的熄滅。易北河會師的誓言「永遠不再讓戰爭發生，盡最大的努力不讓世界上發生的可怕事情重演」成為托爾高的標語。

易北河岸邊每個城鎮都有自己的故事，它們的故事都離不開這條流淌的易北河。

Lake District

英格蘭湖區

盈盈一水間的靈感

英格蘭湖區，盈盈一水間，幾乎彙集了西方
所有詩人的足跡，華茲華斯、柯爾律治和
郤賽……他們有著自己的名稱：「湖畔詩人」。

英格蘭湖區有著英格蘭最大的湖泊和最高的山峰，因而匯聚了英格蘭所有的美景。這是一段生命旅程最接近天堂的地方，高遠的藍天、清郁的林木，靜謐的湖泊，薄衫般的晨霧，仙境也不過如此吧。仙風道骨，如果用來形容一個地方，英格蘭湖區完全稱得上。

「智者樂水」，古人之語不無道理，英格蘭湖區，盈盈一水間，幾乎彙集了西方所有詩人的足跡，華茲華斯、柯爾律治和邵賽……他們有著自己的名稱：「湖畔詩人」。「湖畔」自然指的是英格蘭湖區，有人曾感慨道，如果沒有這些詩人的采風，英格蘭湖區也許只是一處不知名的鄉下，此言差矣。如若沒有英格蘭湖區，世界上會少了多少浪漫的詩歌，更哪裡來「湖畔詩人」呢？

華茲華斯曾說：「我不知道還有什麼別的地方能在如此狹窄的範圍內，在光影的幻化之中，展示出如此壯觀優美的景致。」英格蘭湖區讓人一見鍾情，星羅棋布的16個湖泊，靜靜地躺在山脈之間，有的秀美，有的玲瓏，有的嫵媚，有的乖巧……英格蘭湖區的景色讓人有些許熟悉，清秀靈動彷若江南水鄉一閨樓中靜心刺繡的女子；雅致高貴又像書香門第吟詩作畫的大家閨秀。關於英格蘭湖區，實在非幾個形容詞便能描述的，「橫看成嶺側成峰」，這也許就是無數詩人不遠前來又不願離去的原因吧。只是這些「身在其中」的詩人也未必說盡了英格蘭湖區的風韻。

❋美麗的英格蘭湖區，美得令人窒息。

「湖光山色」用來形容英格蘭湖區是最恰當不過的了，有人說西湖將「湖光山色」演繹到了極致，那麼英格蘭湖區倒是可以與西湖相媲美。「我感到生命在擴散，在那運動的和似乎停止的萬物中」，對於英格蘭湖區的山水相依，「湖畔詩人」最有發言權。英格蘭湖區，山麓青翠疊嶂，一瀉而下的碧綠令人心醉，一汪碧水依偎在山間谷中，那麼的相稱，缺少任何一方都不能算完美。谷間瀑布跌宕，浪花四濺，透明的水滴叮噹作響。英格蘭湖區一定是上帝的寵兒，不然為什麼那麼多絢麗的色彩都集中在了此地並不廣闊的空間內？英格蘭湖區，每一寸山水都令人留戀，它的美，令你採擷不盡，投入它的懷中，也就走進了天堂。

水是英格蘭湖區的精靈，16個大小不一的湖，綻放著寶石般晶瑩的光芒，每一個都有詩人為之入迷。最為知名的想必是溫德米爾湖了，廣闊的湖面在燦爛的陽光下鋪開了無邊無際的粼粼波光，影像迷離，如夢如幻。英國浪漫主義詩人濟慈曾說：「溫德米爾湖『讓人忘掉生活的區別：年齡、財

✿山與水演奏的最華美的
樂章。

✿冬天的英格蘭湖區,別有
一番風韻。

富』。」在溫德米爾湖畔你很容易混淆自己與它的概念,泛舟湖上,就會忘記了歸程。華茲華斯鍾情於格拉斯米爾湖,他的故居「鴿舍」就位於格拉斯米爾湖畔,他習慣在湖邊散步尋找創作的靈感,在詩人的眼中,格拉斯米爾湖是「痛苦世界裡安寧的中心」。

　　湖區的四季都充滿了詩情畫意,不論你何時來此,都會找到作詩的慾望。有人說,在英格蘭湖區白癡也能成為詩人,這話對湖畔詩人稍許不恭,卻也不無道理。因為詩情充斥在英格蘭湖區每個角落每處景致中。初春,英格蘭湖區宛若中國山水畫,極為寫意。滿目淺綠,悠悠地生長著,那麼的令人快樂;無波的湖面閃爍著清冽的光芒,布穀鳥、知更鳥縱情地歌唱著。走在湖畔的小路上,你會忍不住歌唱生命,讚美未來。泥土的芬香混雜著苔蘚濕漉漉的味道,讓你的心靈那麼地寬敞。

　　秋天的英格蘭湖區具備了成為童話的所有要素。鋪滿落葉的小道,金黃深紅的樹冠,層層密林無比絢爛,就像梵谷的向日葵那麼地色彩充溢。湖面水霧氤氳,清澈的微波慢慢地湧向岸邊,又輕輕地退回,片片白帆掠過湖面。湖畔一隅一處不起眼的地方,一處斑駁的柵欄,圍住了一段愜意的時光,波特小姐和彼得兔還記得嗎?這裡就是他們的家園,如果你有著最單純的愛,最幼嫩的依戀,最原始的好奇,那就一定要來英格蘭湖區,只因彼得兔。

湖邊的小鎮也是一處詩意所在，帶有英格蘭特色的小石屋羞澀地躲在樹林之中，門口鮮艷的花兒渲染著美麗的生命。入夜，飄零的落葉帶著一絲幽怨緩緩垂下，簡單的玻璃窗繪著秀氣的圖紋，一盞昏黃的夜燈，一杯溫暖的咖啡，此刻手碰一本經典的英文詩，在遠離塵囂中品味愛情的味道。

沿著小鎮的道路慢慢遊蕩，說不定會碰到彼得兔，更說不定會鑽入原始叢林之中，幽靜得只有鳥語花香，遠處彷彿有瀑布滴水的聲響。紅松鼠拖著長長的尾巴，悠忽一聲就不見了蹤影。隨意撿起一片金黃的落葉，晶瑩的露珠滴落，濺起一片水晶般的色彩。一切都太純淨了，實在不似人間。在英格蘭湖區，隨手就應拿著紙筆，也許，你的詩句就會誕生在閃念之間。凱斯維克是湖區最大的小鎮，維多利亞時期即存在，周遭數條小路延伸入森林深處，斷崖和瀑布是路的盡頭。

青草低樹、農家炊煙、晶瑩湖水……沉浸在英格蘭湖區悠閒而純淨的世界裡，著實難以離開。它適合單純的人，也會令人成為單純的人。時間在這裡是緩慢的，你可以隨心所欲地做著自己的夢，也可以什麼都不做的就那麼待著。儘管這樣，你還是有可能成為一個詩人，就因為你駐足在英格蘭湖區。

英格蘭湖區，彼得兔帶你走進真實的童話世界，湖畔詩人帶你走入自然的靈魂中，人生需要一處英格蘭湖區。

✤英格蘭湖區，這裡的山山水水都是西歐靈感之源。

搜索地標：奧地利的阿爾卑斯山腳下

Salzkammergut

鹽湖區

·純色山水

旅行，本質上是自己與自己的對話。鹽湖區，還原一個真實的自己，就在那片純色山水中。

✻純淨的鹽湖區，讓每個人的心靈都得到了淨化。

找一方淨土偷得半日閒，即便王公貴族也無比期待。鹽湖區，一個只有湖光山色、澄靜天空的地方，自古就成為歐洲皇室避暑療養之勝地。茜茜公主鍾愛此地，在這裡邂逅了她的真愛。此地的歷史過於悠久，以至於實在無法盡數道來。7000年的歷史成就了鹽湖區的從容與大氣，奧匈帝國歷史的塵埃並未改變鹽湖區清靈不凡的氣質。

　　鹽湖區就像一本畫冊，76個湖泊，76個絕美畫頁，畫盡了人世間的美麗。點點湖泊就像天使垂下的淚滴，隨心撒落在山巒之間，清澈至極的湖水不含一絲秘密；76個湖泊水韻各異，秀美的、玲瓏剔透的、雄渾的、碧波不傾的、平靜的……碧綠的牧場綿延向遠方；達赫施坦峰，死山與地獄山組成的「天際線」，壯觀、無與倫比……山水相依，動靜有致。

　　「我感到生命在擴散，在那運動的和似乎停止的萬物中」，華茲華斯這樣評述英格蘭湖區，這句話同樣適用於鹽湖區。月亮湖、阿特湖、蒙德湖、托蘭湖、沃爾夫崗湖、哈爾斯塔特湖、奧爾陶斯湖、格龍德爾湖、福斯爾湖、意爾湖還有靜靜的阿爾姆湖……幾乎每一個湖都值得細細品味，一汪弱水，蕩滌求助的心靈。把自己丟給這裡的山山水水吧，那些封閉的療養院與我們無關。騎一輛單車，縱情在山路之間，天高雲淡，隨意的停駐都是一場美麗的邂逅。

　　「鹽湖區的親密首府」巴德伊緒、聖沃夫岡或者格蒙登，並不大的城鎮隨處可見歷史與時代的交融，傳統與革新的結合。從古斯塔夫·克林姆到克利思欽·路德維希，從胡戈·馮·霍夫曼斯爾塔到克勞斯·瑪利亞·布蘭道爾，或是從古斯塔夫·馬勒到胡貝特·馮·格瓦森，鹽湖區是一個充斥靈感的地方，在那裡，也許我們成為不了作家，但是我們會成為短暫的詩人，以宣洩縱橫於胸中的靈感。

　　旅行，本質上是自己與自己的對話。鹽湖區，還原一個真實的自己，就在那片純色山水中。

✤鹽湖區，一個絕佳的避暑療養勝地。

✤這裡水因山而多情，山因水而靈動。藍天、白雲、遠山倒影於水中，虛虛實實，恍若夢境。

搜索地標：挪威西部

Sogne Fjord

松恩峽灣

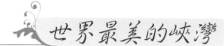 世界最美的峽灣

峽灣不論春秋還是冬夏，都有一種攝人心脾的視覺刺激，美得嬌艷，美得寧靜，美得淳樸，美得遼遠，美得深刻而虛幻，仿佛不忍驚醒的夢境。

※松恩峽灣濃縮了挪威風景的精華，景色亦幻亦真。

來到「峽灣之國」挪威，松恩峽灣是一定要去的，它是世界上最長、最深的峽灣，那裡濃縮了挪威森林的精華，風景旖旎，一段樹枝皆成風景，一淙溪水皆成詩句。

松恩峽灣內三里不同天，峽岸變幻不定，忽而雲霧繚繞，忽而陽光明媚；忽而眼前只是山巒，忽而只見蔭蔭草木，只聽流水潺潺。某些地段崖壁陡峭，宛如斧劈刀割，偶爾可見點點白色的教堂，粗獷中蘊藏著溫柔；某些地段海岸線平緩，沿岸古樸的小鎮中民宅楚楚動人；主水道遼闊雄偉，青山隱隱；狹窄的支道內綠水悠悠，漣漪朵朵，花草叢叢，彷若入畫。曾經波濤詭譎的大海在峽灣內異常平靜，

深邃清澈，波光粼粼，彷若一面碩大的鏡子。碧空中鷗鳴陣陣，遠處雪山巍峨，船行其中，讓人迷失，不知身在何處。

　　峽灣兩岸青山連綿，幽藍的海水蜿蜒曲折靜靜的流向遠方，隨處可見的小島就像瑪瑙一樣漂浮在水面；層林疊翠中綠水若隱若現，青山碧水間散落著童話般的民宅。峽灣不論春秋還是冬夏，都有一種攝人心脾的視覺刺激，美得嬌艷，美得寧靜，美得淳樸，美得遼遠，美得深刻而虛幻，彷彿不忍驚醒的夢境。春回大地，生機盎然，花兒爭先恐後地綻放著自己的美麗；秋色濃艷，紅葉似火，色彩各異的林木織就斑斕的畫面；冬季積雪厚實，冰凌晶瑩，天國般聖潔；夏季湖水充溢，水面氤氳，蒼翠森林倒影於水中，有著溫暖的感覺。

　　松恩峽灣密林中每公里之內必有飛瀑，為靜謐的山林平添些許生動的氣息，或飛流直下，白浪滔滔；或如雲似霧，飄飄渺渺；或如纖細銀絲，似有似無；或如萬馬奔騰，驚天動地……飛瀑墜九天，清泉石上流，壯觀之美、柔軟之情，松恩峽灣集千萬寵愛於一身，仙境也不過此景吧。

　　松恩峽灣腹地金沙小鎮被譽為挪威的世外桃源，山巒環繞，碧水無瀾。此處可乘火車一覽峽灣美景，於乘船不同，在密林間穿行更親近峽灣的每一寸草木，每一處拐角都有獨特景致令人驚奇不已。

　　離開，即意味著忘記。松恩峽灣無法走入心中，因為這裡的一切都太夢幻了，讓人懷疑如此美輪美奐之地真的世間所有。

✦湖光山色中，人在畫中遊。

Lake Lucerne

盧塞恩湖

· 湖畔巴黎

這裡是上帝寵兒居住的地方，因為它太美了，美得脫塵出俗，美得不帶一絲雜念，清雅俊朗，就像一個絕世而立的仙子。

盧塞恩湖位於瑞士中央地帶，於是它把瑞士所有的優點都集於一身。這裡是上帝寵兒居住的地方，因為它美得脫塵出俗，美得不帶一絲雜念，清雅俊朗，就像一個絕世而立的仙子。

盧塞恩湖水來自雪山，如水晶般瑩澈眩目，看著那樣的水，心靈彷彿也得到了清滌。寧靜純美的湖蕩著如詩似畫的景象，真真成了人在畫中遊。皇冠般的白色雪頂、層巒疊嶂的群山、挺拔幽深的森林、尖尖的大教堂……船行水面，劃開碧波，抖動了天際雪峰的倒影。成群的天鵝悠開地游來游去，彷彿美人的眼，不時向你嫵媚一下，恍惚中你也想醉入盧塞恩的懷中，想要忘記時間，不要思考，一直醉到天荒地老。

盧塞恩湖畔洋溢著音樂的旋律，作曲家華格納在這裡收穫了自己的愛情，貝多芬在這裡譜寫出了如盧塞恩湖般恬靜的月光曲，來到這裡，不免沾染上幾許飄飄出塵之感。

盧塞恩的山水帶有鍾靈之氣，就像一抹水袖，隨風微拂。

搜索地標：瑞士茵特拉肯鎮西面

Lake Thun

圖恩湖

上帝的左眼

圖恩湖就像一絲幽藍的帶子飄逸地穿過圖恩這個古城，遠處雪山點點倒影在透亮的湖中，在陽光的照耀下金光閃爍。優雅的天鵝旁若無人地舒展著，活潑的野鴨追打嬉戲，蕩起水面層層波瀾。

圖恩湖靜靜地躺在伯恩高地的群山懷抱中，幽靜的一汪水竟不像人間景色，湖水澄清，水晶般晶瑩見底，讓你忍不住去懷疑它是否天然而成？這是一灣頗具神秘色彩的湖水，有著「上帝的左眼」之稱，其實此說恰如其分。

圖恩湖就像一絲幽藍的帶子飄逸地穿過圖恩這個古城，遠處雪山點點倒影在透亮的湖中，在陽光的照耀下金光閃爍。優雅的天鵝旁若無人地舒展著，活潑的野鴨追打嬉戲，蕩起水面層層波瀾。湖邊色彩繽紛的喬木，大片大片的草地，還有那兩側玲瓏的村莊，紫紅的屋頂、粉白的牆壁、零星的古堡，處處令人沉醉。

圖恩湖是布拉姆斯、保羅‧克利等名人們青睞的湖畔避暑勝地，這裡的一切渾然天成，沒有一絲多餘，沒有一絲缺陷，詩意的存在著。

南望阿爾卑斯山，它也一定被這個靜若處子的湖征服了吧！不然為什麼總是把自己倒影投身於圖恩湖中呢？

❋如此地舒適與愜意可能只有在圖恩湖才能找尋得到了。

搜索地標：法國與瑞士交界處

Lake Leman

蕾夢湖 · *歐洲的什錦菜*

蕾夢湖又是「歐洲的什錦菜」，因為集各種風韻於一身，是最典雅、迷離和醉人的湖區，碧空雪山，幽藍的湖水，精靈般的天鵝，悠遠寧靜，於是才有了柴可夫斯基的《天鵝湖》。

蕾夢湖又名日內瓦湖，三面都是法國領土，頗似法國的一處「內海」。只是法國的浪漫並未感染它，卻將瑞士的靈魂濃縮在這一汪碧水之中。來瑞士，此處一定要去。

蕾夢湖是西歐最大的天然湖，湖的盡頭是纏綿的羅訥河。初春，融化於阿爾卑斯山脈的涼涼雪水緩緩流入蕾夢湖，潔淨的湖水閃爍著冰冷的光影，此水掬起即可暢飲，甘甜微涼，沁入心脾。五月花海中，蕾夢湖就像一塊璀璨的水晶，有著骨子裡的恬靜和浪漫。蕾夢湖形似彎月，蜿蜒湖岸遍布古堡和鄉村，隨意走走就能遇見曾入夢中的意象。無論綴滿天竺葵的湖堤還是湖面的點點帆影，或是古樸的岸邊小路，或是山影婆娑，都能敲響你心中的某個音節。

✹古堡、湖水，彷若來到了童話世界中。

蕾夢湖的美每時每刻都值得仔細咀嚼，這裡能聽到時間流逝的聲響，蹣跚的節奏帶來悠悠的生活。湖岸樹影，湖中飛禽旁若無人地梳理著各色羽毛，時間彷彿停駐了一般，淡淡霧氣就像浮雲，陽光散落，很溫暖的樣子。一位老人漫不經心的丟下一些麵包屑，潔白的天鵝不緊不慢地游來，層層水紋蕩向岸邊。鳥兒都是不怕人的，大搖大擺的在蕾夢湖安營紮寨，飛來飛去搶著人們的餵食。一個人呆呆地坐在湖邊的長凳上，聽隨風而來的薩克斯風曲，就這樣偷閒一日又何妨？

40層樓高的人工噴泉是蕾夢湖的標誌，高大水柱直射天際，陽光下閃爍著靈性的光芒，就像從蒼穹某處垂落下來的水晶簾幕，飄飄渺渺，洋洋灑灑，清涼地拂過你的面龐。據說140公尺高空的水量達7噸之多，噴口處的時速可達200公里，可與F1賽車相媲美。

蕾夢湖又是「歐洲的什錦菜」，因為集各種風韻於一身，是最典雅、迷離和醉人的湖區，碧空雪山，幽藍的湖水，精靈般的天鵝，悠遠寧靜，於是才有了柴可夫斯基的《天鵝湖》。亨利·詹姆斯讚歎蕾夢湖是「出奇的藍色的湖」，拜倫看到了它「有著沉思所需要的養料和空氣」，巴爾扎克在這裡找到了「愛情的同義詞」。

你在蕾夢湖找到了什麼？

✤直指雲霄的噴泉是蕾夢湖的標誌。

全球最美的地方 歐洲 驚艷

Blue Lagoon

冰島藍湖 ·藍色魅惑

不到藍湖，等於沒來過冰島。「*Blue lagoon, a piece of heaven*」，純淨的粉藍襯在一片白色的衫褙之上，泛著幽藍的熱氣繚繚繞繞，彷彿仙境一般。湖水藍得醉人，藍得氤氳，尤其那白色的湖底，風過水漾，水面皺起一湖風情。

✽藍色的湖，藍色的夢。

不到藍湖，等於沒來過冰島。「Blue lagoon, a piece of heaven」，純淨的粉藍襯在一片白色的衫裙之上，泛著幽藍的熱氣縹縹紗紗，彷彿仙境一般。湖水藍得醉人，藍得氤氳，尤其那白色的湖底，風過水漾，水面皺起一湖風情。藍湖的水不同它處，由近及遠，湖水顏色層層推進，淺淺的淡藍、幽幽的純藍，再到湖中心釅釅的深藍，藍湖的湖水有著濃濃的質感，遠遠望去，就像水粉畫一樣清純。冰島碧空如洗，天地之間恍若一體，置身這片土地，連呼氣都變得輕盈，彷彿大隱於世。

其實藍湖是一個人造鹹水湖，1976年為了利用雷克亞維克半島西南郊的地熱發電，人們把地熱海水注入周圍的低窪火山岩地，誤打誤撞地將岩層表面的礦物質溶解，形成了混沌的藍湖。白色的湖底是二氧化矽，藍色的湖水得益於湖中呈寶藍色的礦物質和藻類。這是一個奇妙的生態系統，人與自然的默契成就了藍湖的誘惑。藍湖已經成為冰島的名片，茫茫白色中的一汪藍色，出於塵世的浪漫、純淨。

如果想要更親密地接近藍湖，那就縱身一躍，投入它的懷抱吧，感受自然賦予身體的親吻。身體得到淨化的同時，精神也隨之昇華。冰島人長壽，地熱水讓他們保持健康。藍湖地熱海水水溫適中，就像柔軟的小手撫摸你的每個毛孔，富含活性成分的礦物質舒緩著你的疲頓，所有的煩惱都煙消雲散。泡完溫泉再來個天然Spa，全身塗抹厚厚的白色二氧化矽泥。四周荒蕪的黑色山岩之間冰天雪地，小雪花輕輕飄下，獨有此處熱氣騰騰、溫暖如春，遠處山脈裸露著原始的青灰色岩石，冰島、藍湖，若不親見，怎能相信世間還有此景此湖？粗獷、溫柔，這就是冰島和藍湖。

藍湖，是一個淨化千年的夢，在無人濯足的地方，站成永遠的溫柔。雙手掬起一捧湖水，任由湖水從雙手的縫隙間溜走，手間彷彿也留下了淡淡的藍色印記。

Crete
克里特島

• 希臘神話的搖籃

在克里特島你總能找到自己需要的，除卻古老的文明，還有地中海式的陽光，希臘式的浪漫，海灣邊的妙曼崖壁、山間精緻的村莊、原野盛開的紫籐花，或者威尼斯風情的酒吧、巴黎式的購物享受，古與今的穿越其實很簡單。

✳藍與白最好的搭配，心底最純淨的夢。

✳夜幕中的克里特島華光溢彩，增添了許多豐富的顏色。

當第一抹愛琴海的陽光灑落在克里特島時，這個寧靜而憂傷的小島迴響的卻是西元前二十世紀的悠長歎息。

克里特島是歐洲最古老文明——邁諾安文明的發祥地，西元前3000年就已經進入青銅器時代，質樸而斑駁的青銅器閃爍著克里特文化的神秘和久遠，《荷馬史詩》所述的隻言片語，至今仍無法探知邁諾安文明源起何處。克里特島誕生了歐洲最早的文字，點點劃劃的「線形文字」至今未被釋讀。克里特島古風悠揚，克諾索斯王宮遺址靈巧秀逸，壁畫瑰麗，雕塑精美，極盡靈動之妙。希臘神話中的英雄在此交匯，又飛鳥般地失去蹤跡。

在克里特島你總能找到自己需要的，除卻古老的文明，還有地中海式的陽光，希臘式的浪漫，海灣邊的妙曼崖壁、山間精緻的村莊、原野盛開的紫籐花，或者威尼斯風情的酒吧、巴黎式的購物享受，古與今的穿越其實很簡單。

克里特島很大，海灣深處的故事等待你的探尋，只是別忘了帶上一本希臘神話，不然會迷路的。

搜索地標：希臘愛琴海基克拉澤斯群島東部

Mykonos

米克諾斯島

最接近天堂的小島

用 Sun、Sea、Sand、Sex，來概括米克諾斯島並不為過，只是這裡的風情不止於此，那一抹掠過愛琴海的金色陽光充滿了愛情的味道。

相傳海神波賽頓戰勝巨人後，巨人龐大的骨骼堆砌成島，這就是希臘的米克諾斯島。詩人余光中這樣形容這座島嶼「這裡的天空如此希臘」，愛琴海碧波蕩漾，鷗鳥飛翔，陽光懶散，寧靜異常，地中海式的享受在這裡淋漓盡致地表現出來。

這裡是最接近天堂的地方，小小的島嶼上近300間教堂，隨意走在小街巷弄就會與教堂不期而遇，風格不同的教堂庇護著島上的居民。5座巨大的風車攪動著海風，吹拂著島上幢幢白屋。

米克諾斯島崇尚天人合一，所以就有了「天體海灘」，米克諾斯島的海灘潔白柔軟，就像鋪開的細紗，毫無保留的遊客在上面曬著天體浴，無拘無束的與陽光做著親密接觸，這是與心靈的對話。米克諾斯成全了村上春樹的《挪威的森林》，此書完稿於此。米克諾斯也是全世界同性戀最喜歡的地方，這裡開懷天地，容納世間的一切。

用Sun、Sea、Sand、Sex（陽光、大海、沙灘、性），來概括米克諾斯島並不為過，只是這裡的風情不止於此，那一抹掠過愛琴海的金色的陽光充滿了愛情的味道。

✤ 被浪漫與愛情的氛圍層層包裹的米克諾斯島，是每個人的最愛。

解讀城市

搜索地標：法國北部

Paris

巴黎

流動的盛宴

走進巴黎，尋找屬於自己的浪漫之旅。塞納河畔，走過獨坐垂釣人的身旁，斜風細雨中散步，那漫天的雨絲揮揮灑灑，淋濕了人的衣裳，卻澆不滅追求浪漫的熱情。

海明威曾說：「如果你有幸在年輕時待在巴黎，那麼以後不管你到哪裡去，它都會跟著你一生一世；巴黎就是一場流動的盛宴。」

巴黎地處法國北部，起源於塞納河畔一個小島上的漁村，身處巴黎盆地中央。優越的地理位置孕育了這裡溫和的海洋性氣候，「巴黎市區溫度適宜，氣候溫和，空氣清新，風景如畫，妖嬈多姿，如《第一次接觸》中蘇菲·瑪索般嫵媚動人。」

城市、鄉村的後現代生活寫照。鄉村 —— 城鎮 —— 城市，每一個城市都逃不過這3個階段，有一段艱難的成長之

✤通向未來的「大門」——
巴黎的新凱旋門。

路。當初毫不起眼的醜小鴨蛻變為現在人見人愛的白天鵝，巴黎城市的演變歷史耐人尋味。

肇始於一個小漁村，羅馬人在這裡建造了宮殿，巴黎的命運從此改變。此後，王朝更迭造就了巴黎富貴逼人的氣勢，沿著塞納河兩岸的曲線，聖潔的教堂和富麗的宮殿依次而建，城市規模初具雛形。民主革命的風暴來臨，巴黎市區的很多地名遭遇「變臉」，卻改變不了它們作為巴黎勝景的事實。於是，以塞納河作為中軸線，沿河岸而行，盡可領略那一片絢爛無比的異域風光。

巴黎人對於改善居住環境的態度可謂不遺餘力。儘管寸土寸金，

�巴黎最具觀摩價值的凱旋門，就是位於戴高樂廣場的這座，它又被稱為雄獅凱旋門。

巴黎政府還是竭盡全力在市區中增加充滿泥土氣息的草地、色彩繽紛的花園和鮮翠欲滴的樹林。在塞納河邊，設計精巧、風景秀麗的公園點綴其中，如一顆顆珍珠鑲嵌在一條蜿蜒曲折的白色絲帶上。河水賦予了公園靈秀的氣息，公園則增加了遊客們休憩、流連塞納河的興致。因此，乘船遊覽塞納河則成為每一個遊客的必做功課。四季變換，晝夜更替，悠悠的河水總不會寂寞，遊艇上旅人的腳步從來不曾停歇，若說遊人如織也絲毫不過分。白天的塞納河，岸上的建築物風格各異，濃墨重彩，羅浮宮、奧塞美術館、巴黎聖母院、艾菲爾鐵塔等名勝都可以飽覽無餘，古典風貌的建築物遍地，更彰顯巴黎的底蘊深厚。夜晚的塞納河，神秘浪漫的情緒蔓延開來，別有一番誘人的情趣。霓虹燈閃爍，聚光燈的強光分束射出，氣勢如虹，映照得兩岸如同白晝。縱是遠觀也能感到那典雅、莊重的氛圍。一股強大的吸引力牽引著人們的腳步，向它們步步靠近。

✿協和廣場上精美的噴泉。

從河水到陸地，除了遊艇之外，橋梁也是必不可少的連接途徑。得益於塞納河的饋贈，巴黎市區的大小橋梁共計有幾十座，將被塞納河分割兩半的巴黎串聯起來，從座座橋上曲折往返，皆可近距離接近感受書本中那一段段華麗辭藻的堆砌。

首先來到了一個開放式的廣場上，守一方天地，法國八大城市的雕像次第排列著，氣勢雄偉，噴泉四溢，駿馬奔騰，埃及的方尖碑穿越時空的隧道，安家落戶在這裡，記錄點滴時光飛逝，見證了巴黎的成長。經歷了激烈的政治鬥

爭,原名路易十五廣場改名為「協和廣場」,那一段血雨腥
風的歷史卻並未就此湮滅,成為廣場身後廣為流傳的故事和
吸引遊客蜂擁而至的噱頭。

　　貴賓來訪,紅色地毯鋪地,是舉世公認的待客之道。這
種尊貴敬客的禮儀,雍容華貴的巴黎自不可少。協和廣場西
面富麗、奢華的香榭麗舍大道,是巴黎接納每位來訪者的迎
賓大道。恰似巴黎的動脈,它東西延伸,風格迥異。東段是
長約幾百公尺的林蔭大道,兩旁草坪鋪地,綠意盎然,綠樹
成蔭,鳥語花香,鬧市中清淨幽僻的所在;西段店舖林立,
名牌商舖爭相鬥艷,奢華是這裡唯一的代名詞。走在香榭麗
舍大道上,車水馬龍的熙攘掩飾不了兩旁法國梧桐濃密遮蓋
的幽靜,熱鬧還是安靜,一切隨你。

　　走過大道,還要過門而入。凱旋門是盡覽巴黎風景的第
一道關口,這扇大門常年打開歡迎八方來客。凱旋門本是歐
洲國家慶祝戰爭勝利的一種紀念性建築,上面浮雕貼壁,展
現歷史。巨石砌門,精雕細琢,宣揚戰績。一扇門,傳承了
巴黎的歷史,更顯得厚重無比。在和平年代的今天,耀武揚
威的概念已模糊了很多,更多的是對戰爭慘烈的直白和對人
類遠離戰爭的警醒。

走過凱旋門，一片花團錦簇、色彩繽紛的花園映入眼簾，走進這個靜謐的所在，陣陣香氣襲人，空氣中瀰漫著甜膩的味道，如香草冰淇淋般誘人。歐洲城市公園的一大特點，就是雕像多，露天座位多。坐在唯妙唯肖的雕像旁邊，悠閒地品嚐苦澀咖啡中醇香的味道，唇齒之間，餘味留香。香不醉人人自醉，久久不願離去。往昔皇族獨享的杜勒麗花園，富貴繁華如過眼煙雲消散，如今已成為普通人陶醉的樂園。

花園的美雖經人工雕琢，其中孕育的植株卻有一股自然純樸的味道，因為自然，所以動人。領略了自然之美，不妨到創造之美的羅浮宮看個究竟。遊歷過不同國家的很多博物館，羅浮宮的收藏品價值和分量令人瞠目結舌。最驚人的莫過於它收藏了世界三寶：《維納斯》雕像、《蒙娜麗莎》油畫和《勝利女神》石雕。不論是匆忙間的一瞥，還是長時間的駐足，才發現自己的貧乏和淺薄，沒有專業知識的人，很難發現其作為傳世珍寶的價值。

「如果你不懂浪漫，一定要去巴黎接受熏陶。」走進巴黎，尋找屬於自己的浪漫之旅。塞納河畔，斜風細雨中散步，那漫天的雨絲揮揮灑灑，淋濕了人的衣裳，卻澆不滅追求浪漫的熱情。

❀巴黎永恆的象徵──艾菲爾鐵塔。

❀大名鼎鼎的巴黎聖母院是來巴黎的必遊之處。

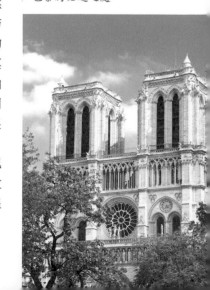

搜索地標：英格蘭東南部的平原

London

倫敦

泰晤士河畔的經典浪漫

倫敦展現給我們的文化質感是非同凡響的，但別輕率地把它理解成一個「食古不化的老人」，一切才剛剛開始而已。有人對倫敦充滿想像與期待，有人對倫敦愛恨交織，也有人對之念念不忘，這是不是可以說，倫敦是座耐人尋味的世紀之城呢？

❈特拉法加廣場上的噴泉。

化用莎翁的名言，To go or not to go, that is not a question！去不去倫敦根本毋須猶豫。

這是座經典的城市，躍動而不躁動，寧靜而不寂寞，矜持而高貴著，默然而浪漫著。如果說法國是金色的，美國是彩色的，那麼英國就是灰色的。它含而不露的灰度空間裡，到處瀰漫著「紳士與淑女們」千年的幻想與四射的新鮮活力。19世紀的古樸與20世紀的鮮活，傳統的風格與現代大都會的融合被倫敦人詮釋得那樣和諧與自然。於是，倫敦也就自然而然地被人們貼上了「古老而現代」的標籤。

西元50年，倫敦由入侵的羅馬人始建，後歷經千年風霜，

一直穩居大不列顛政治、經濟和文化中心的位置。它依然延續並承載著「日不落」帝國昔日的輝煌與優雅，開創著屬於新時代的奇幻與朝氣，儘管其世界經濟中心的位置已被紐約取而代之，但它仍不失為全歐洲最為繁榮的商業城市之一。

海洋性季風氣候使得倫敦的天氣時不時地鬧些小脾氣。倫敦天空的變化多端是出了名的，而倫敦的霧卻總透露出一種低調的精緻。雨霧中的古樸建築讓人禁不住頓生憐愛之情，窄長的街道兩旁往往少不得擺弄花藝的小家碧玉。如今，霧都其實已經名不符實，經過政府的大力整頓，倫敦的空氣質量日趨轉好，遇上好天氣不再是奢望，當然此時倫敦的乾淨透徹就毫無保留地映入眼底了，也算是對於錯過霧都的灰色浪漫的一種補償吧。

✤古老的大笨鐘堅韌而倔強地守護著倫敦。

英格蘭的海風左右著倫敦的天空，泰晤士的川流隔斷了倫敦的南北。倫敦的重要街區和景觀就星羅棋布在河畔兩岸。英國人的文化心理充滿著對古典和歷史的崇拜與尊重，他們對於古典建築的精心保護足以讓世人汗顏。這種古典情結造就了英國人骨子裡那股貴族氣質，但並沒有妨礙他們天馬行空的無限創意。不管是敦厚而立的名勝建築，還是街頭巷尾的燈紅酒綠，都以自己獨特的方式訴說著倫敦這座古老城市的前世今生。

誰也忘不了特拉法加廣場的鴿子，還有餵鴿子的小女孩，卻鮮有人知道特拉法加廣場背後悲壯的史話。它是19世紀初為紀念著名的特拉法加海戰而修建的。稱帝不久的拿破崙，在1804年5月迫使西班牙艦隊同他一道渡海進攻英國，英國軍民被迫奮起還擊。當這場海戰勝利結束時，納爾遜將軍卻中彈犧牲。

河岸西畔的西敏宮原是國王的王宮，如今是英國議會的所在地，這座宮殿建於750年，是世界上最大的哥德式建築。比凝重的王宮更吸引人眼光的是附屬於它的鐘塔，因為聞名

世界的大笨鐘就在那上面。至今已150多歲高齡的大笨鐘依舊按時按點地發出渾厚而鏗鏘的報時聲，儘管它也偶爾感冒，罷罷工什麼的。

從大笨鐘跨越西敏橋就來到了南岸一側。在這裡，為紀念西元2000年而建的世界第二大摩天輪，高135公尺的「倫敦眼」就這麼直勾勾對視著古老的「前輩們」，非但沒有一絲膽怯，竟更添一份藍色之夢幻，夜晚的泰晤士河正是因這個「千禧之輪」而變得亦幻亦真。

「倫敦眼」的高度與結構設計可以讓通過它鳥瞰全城的人們大呼過癮。倫敦可看的太多，可品味的太多，而這只奇特的「眼睛」卻可以助你將富麗莊嚴的王室宮邸白

WATERLOO BRIDGE

金漢宮、位於河畔北側恢宏挺拔的倫敦塔、神聖肅穆的西敏寺，還有橫跨泰晤士河的13座形態各異、設計獨特的橋等觀光聖地一覽無遺。

倫敦，是文化藝術之都，不同時代的絕世精品賦予了倫敦不同凡響的文化氣質與魅力，流淌在它體內的激情與天才的澎湃從不曾背離過它的神韻。博物館與公園是窺探倫敦文化氛圍最好的地方，一個是厚重的文化藝術殿堂，一個是明快的世俗文明園地，它們都是帶給人寧靜氣息的勝地。

漫步在倫敦大街上，隨處可見的樹林和草地，綠草茵茵的街心公園最能展現倫敦人的精神風貌和生活追求——那種對生命與大自然的熱愛。海德公園是值得一去的地方，它是英國最大的皇家公園。那裡有個著名的「演講角」，無論男女老幼，不分種族職業，任何人都可以在這裡發表自己對於社會、政治、文化等各方面的見解，而限制只有兩個：不得雙腳離地，不得攻擊女王。

倫敦展現給我們的文化質感是非同凡響的，但別輕率地把它理解成一個「食古不化的老人」，一切才剛剛開始而已。也許作為遊客，我們感受不到繁雜飛速的金融業務，然而走進倫敦最繁華的牛津街，它的紙醉金迷、前衛狂野足以令人瞠目結舌。有人對倫敦充滿想像與期待，有人對倫敦愛恨交織，也有人對之念念不忘，這是不是可以說倫敦是座耐人尋味的世紀之城呢？

「我，還在走著，沒有停下的意思。」——一名倫敦旅人。

搜索地標：希臘南部

Athens
雅典 文化異都

當你倘佯在雅典城內，撲面而來的是濃烈而厚重的文化氣息。重見天日的陶瓷、雕刻等歷代文物，靜靜地躺在雅典市中心的希臘歷史文物博物館裡，低低地互訴衷腸，見證流金歲月的逝去；古跡遺址隨處可見，一不留神便會踏進歷史的門檻，進入時空交錯的人間隧道。

沒有文化積澱的城市是貧瘠荒涼的。城市因文化而變得厚重華麗，文化因城市而薪火相傳。一個充滿傳奇色彩的古城——雅典，歷經千載還靜靜地矗立在希臘半島的阿提卡平原上，那裡的一草一木、山川湖泊都訴說著曾經的滄海桑田。

雅典的地理環境優越，東、西、北3個方向均被連綿的群山環抱，蒼翠的樹木掩映，養眼的濃濃綠色中，間或閃現波

✿古老的雅典，古老的衛城。

光粼粼，那是迷人的陽光在樹林中投射的影子。南面的海風徐來，吹入濕潤的氣流，每一片葉子都被籠罩在朦朧的潮氣中，青翠欲滴。一邊是高低不平的山巒波峰，一邊是廣闊無垠的碧海藍天，雅典座落於山水之間，動靜結合，古今相宜，既是一個充滿蓬勃生機和活力的現代化城市，極具開放意識；又是一個神秘異常的歷史名城，宛如中國的水墨山水畫，單純的色彩中充滿了古典的韻味。

文明古都歷經千年風雨而屹立不倒，源遠流長的文化脈絡傳承至今。與其他文明古國一樣，別具特色的文學、思辨的哲學、美妙的藝術以及其他各學科，紛紛在希臘起源並被發揚光大。作為希臘重要城邦之一的雅典，理所當然地成為各派別傑出人物逗留、聚集和講學的場所。無數優秀的作家、哲學家及藝術家們都在雅典誕生或居住過，他們曾經的生活軌跡已無處可尋，卻在市井坊間留下了一串串動人的故事，功過是非，只待後人的評說。人的傳奇成就了雅典的無窮魅力，智慧的光芒一直照耀著這座文化古城。

✽漫步在雅典衛城下美麗寧靜的小巷，悠然自得。

當你徜徉在雅典城內，撲面而來的是濃烈而厚重的文化氣息。重見天日的陶瓷、雕刻等歷代文物，靜靜地躺在雅典市中心的希臘歷史文物博物館裡，低低地互訴衷腸，見證流金歲月的逝去；古跡遺址隨處可見，一不留神便會踏進歷史的門檻，進入時空交錯的人間隧道。建於西元前400年的雅典衛城，是一個古老的建築群，作為歷代宗教政治活動的中心區域，它備受尊崇，雄踞於市區西南的一座小山頂上，孤單並高傲地俯視下方，似乎能夠主宰冥冥中的一切。

漫步雅典，默默地注視著這些古文化遺址，你會覺得自己已把世間看通透，因為所有的一切終究將歸於塵土。

搜索地標：義大利台伯河下游平原

*R*ome

羅馬 昨日的榮耀

在羅馬，吸引你眼光的建築傑作數不勝數，遊客在這個城市裡莫不是伸長脖子四處眺望，遏制不住眼神的衝動，好奇心與感嘆聲交替顯現。那是滿足的感嘆聲，在這個突出力量與智慧的古都中，掠過的每一眼都只是傳承的冰山一角，只有靜下心來細細體會，才有機會淺嘗古人遺留的做人智慧與藝術結晶。

古諺有云：「羅馬不是一天建成的。」那是多長時間呢？2500餘年的時間，長還是短？亞平寧山下，台伯河沖刷了千年，淤泥堆積而成了丘陵平原，肥沃而充滿生機。在這片沃土上，繁育出令世人眩目的歷史和文化。

✤黃昏中的聖天使堡顯現著迷人的光彩。

　　它流傳千年，經久不息，而其流傳的理由
必定非凡。19世紀德國法學家耶林曾經說過，
羅馬人曾3次征服世界，第一次用刀箭棍棒令世
人屈服，建立了一個弘大的羅馬帝國；第二次是
基督教的傳播使羅馬聲名大噪，令世人稱奇；第三
次用法律規範世人的舉止，舉世皆聞羅馬法。

　　每個城市都有一段不為人知的歷史，歷史的知情
者也許深埋於地下，也許傲立在風雨中。追尋歷史的蹤
跡，往往會使一些默默無聞的見證者「一舉成名天下
知」。擁有古跡遺址的城市不計其數，羅馬卻是最獨
特的一個。因為它是世界上唯一一個在市區的中心遺
留和保存著大面積歷史遺跡和待發掘區的首都之城。它也成
為後人了解羅馬文化的藝術寶庫和文化名城。

❀母狼哺嬰青銅雕像，表現了
羅馬城的創建者羅慕洛和雷莫
吮吸母狼奶水的情景。這尊雕
塑已成為羅馬的象徵和城徽。

　　羅馬的新舊城區密切融合，渾然天成。古城遺址居於城
市的北邊，彷彿一座大型的露天歷史博物館，君士坦丁凱旋
門、方尖碑、萬神殿和羅馬競技場等古蹟錯落有致地排列其
中，靜待八方來客的參觀、品評和憑弔。新城於20世紀20~50
年代在南邊建成。這裡，寬闊的街道縱橫交錯，高樓大廈鱗
次櫛比，與北方的古城遙相呼應，呈現出古典現代合二為一
的獨特景觀。

　　作為歷朝古都，綻放傲然光彩的城市——羅馬，母狼哺
育的祖先在這裡繁衍生息。勇往直前的力量與氣概，一脈
傳承至今，孕育了果敢剛直的羅馬精神。這點在古羅馬鬥
獸場上得到鮮明的印證。古羅馬角鬥士更是鬥獸場上絕對
的主角。

❀精緻的天使雕像，猶如守護
者般凝望著遠方。

　　羅馬競技場是羅馬皇帝驅趕數萬名俘虜用了11年的時間
一磚一瓦壘起來的，它呈圓形，正中央是競技場，四周環繞
著層層看台，看台下面建有疏散通道以及囚禁角鬥士和野獸
的陰暗囚室，共占地20000平方公尺，倘若從高空俯瞰，就
會發現整棟建築呈橢圓形，如同一個大貝殼躺在地上，看台
又似殼內的條條螺旋形紋路。遙想當年，不知有多少勇士在
此灑下鮮血，事隔千年，一股血腥氣還若有似無地飄散在空
氣中。站在這裡仰望蒼穹，似乎能夠感受到滴滴鮮血所匯聚
的強大力量，它們自天幕緩慢地傳來，為人類注入一劑強心
針，激發了鬥志和勇氣。鮮血和死亡，我們最不願意看到和
想到的東西，這時卻變得理所當然，沒有人會想要去逃避，
慘烈的競技場面會不由自主地浮現於腦海，從脊背中生出
股股寒意，禁不住會打個哆嗦。可還是不能抵擋那致命的誘

✠納沃納廣場噴泉前幸福的情侶。

惑，如同不敢看恐怖片的孩子一樣，會從指縫裡偷瞟一眼滿足強烈的好奇心。好奇心過後，卻又不得不驚歎於羅馬瑰麗的建築風格。這又要歸功於羅馬第二種征服世界的方式。其中的傑出代表為富麗堂皇的聖彼得大教堂。

在聖潔、肅穆的教堂裡淨化心靈，所有的一切都成為多餘，只要默默地靜坐和聆聽。那來自天際的聲音，會灌進你的腦海中，敲醒你沉睡的心靈。靈長之氣如點點繁星，瀰漫於繚繞的煙霧裡。地處梵蒂岡的聖彼得大教堂是天主教給予世人的禮物。這座文藝復興時期遺留的碩果，由於使徒聖彼得被埋葬於此，聖彼得大教堂已成為羅馬天主教信仰者心中的聖地。作為聖地，它自然要有可堪匹配的規模和氣勢，這是基督教世界裡建築面積最大的教堂，約2.3萬平方公尺，超大的驚人容量，可同時容納6萬人。

羅馬式和巴洛克式建築風格帶給教堂繁複的裝飾變化，如風姿綽約的古典美人隨風起舞，飄動的裙裾迷亂了凡人的雙眼和心智，嬌媚卻不妖嬈，自有一股凜然而不可侵犯之氣，可親近卻不能褻玩，即使在參拜時偶爾的出神都會被認為是冒犯了它的神聖。頂禮膜拜若報之以最大的虔誠，必會獲得心靈永久的安寧。

心靈的平靜自然源於內心，有時也要借助外界的幫襯。在一個法度嚴明、秩序井然的社會，心中的躁動或許會停息片刻。是誰給予了人類如此的規範和秩序？羅馬當居首功。羅馬法是羅馬人對世界的一項偉大貢獻，法典中所體現的人人平等、公平公正的法律理念具有超越時間和空間的永恆價值，令人信服。由此衍生的法律體系，令無數國家受益匪

✠夜晚的納沃納廣場依然繁華無比。

淺。法典如一面照妖鏡，又似一把正義之劍，令世間的醜陋和罪惡無處遁形；利刃高懸，隨時待命以申張正義。走在羅馬，滿目的視覺享受暫且拋在一邊，一份精神永恆的價值，卻是最大的榮耀。

巨石、廢墟、遺址，羅馬的關鍵詞；冷硬、荒蕪、蒼涼，羅馬的形容詞。天空若是蔚藍的顏色，羅馬呈現出塞外的廣闊悲壯風貌；天空的顏色若是黯淡的，峽谷盆地的陰暗

地貌也會陡然浮出水面。是誰撥動了天空的帷幕，散射出時強時弱的能量和光線，使羅馬不時地變幻著色彩，容攬了人們的目光。

　　在羅馬，吸引你眼光的建築傑作數不勝數，遊客在這個城市裡莫不是伸長脖子四處眺望，遏制不住眼神的衝動，好奇心與感嘆聲交替顯現。那是滿足的感嘆聲，在這個突出力量與智慧的古都中，掠過的每一眼都只是傳承的冰山一角，只有靜下心來細細體會，才有機會淺嘗古人遺留的傲人智慧與藝術結晶。

搜索地標：奧地利東北部阿爾卑斯山北麓維也納盆地之中

Vienna

維也納

盆地的盛宴

阿爾卑斯山下，有這樣一個城市，它因音樂而迷人優雅；因多瑙河而靈動異常；因古建築群而宜居宜賞。上蒼獨具慧眼選擇這裡，或許是為了創造一個完美的奇蹟。

此曲只應天上有，人間哪得幾回聞。《藍色多瑙河》的樂曲聲如泣如訴地靜靜流淌，流進人的心裡，令聽者如癡如醉，不知今夕是何年。迷離悵惘的樂曲聲中，一座音樂的大門徐徐打開，引領人們走進美輪美奐的音樂之都——維也納。

奧地利東北部，阿爾卑斯山北麓維也納盆地之中，總會有悠揚的樂曲聲不時傳出，路過的人都情不自禁地駐足聆聽。是天籟之音，抑或是人間傑作？笙樂陣陣，如同一場歡樂的音樂盛宴，隨時準備接納南來北往的知音人。一批批人潮湧進，朝聖般懷揣著希望而來，滿心愉悅地攜帶著收穫而去。音樂盛宴結束的鐘聲永不會敲響，因為這裡是音樂的故鄉。這裡是哪裡？這裡是奧地利的首都維也納，它東、西、南三面群山連綿相接，此起彼伏，伸展至城市近郊，綠樹成蔭，芳草碧連天；北部一馬平川，廣闊的草原一眼望不到邊際，宛如一塊巨型毛毯，平展地覆蓋於大地之上；城市中部，藍色的多瑙河如一串明珠散落其間，穿行於城市間，坐在多瑙河畔聽風嗚咽，和著潺潺的流水聲，閉上眼睛感受片刻的閒適心情。輕鬆、愜意、享受，是維也納對人類的饋贈。

千年的古城，歷史文化氣息濃厚。文化、藝術和旅遊，是維也納豎起的三面旗幟。維也納曾是奧匈帝國的首都，帝國的繁華如夢，

❀華格納故居建築外觀上精美的黃金裝飾。

曇花一現般湮沒於歷史的風塵中,但昔日首都的豪華氣派尚存。古典厚重,輝煌耀眼是這個城市的主旋律。如今,維也納不僅是奧地利共和國政治、經濟和文化的中心,國家各行政機構和機關均聚集於此。還享有重要的國際地位,聯合國和石油輸出國組織都在這裡設有辦公機構。

　　每一個城市都有自己獨具特色的建築風格,而標誌性建築往往也成為這個城市最主要的標誌和名片。提起雄偉、高聳的艾菲爾鐵塔,時尚之都 —— 巴黎自然會浮現在腦海;而看到象徵自由、民主的自由女神像,心早已踏上繁華之都 —— 紐約的土地;當華燈齊放、色彩繽紛的東方明珠廣播電視塔在你面前閃爍時,動感之都 —— 上海已近在眼前。登上山頂,放眼維也納的全景,市區內高層的房屋很少,大多為具有巴洛克式、哥德式和羅馬式特色的建築群。而不論從哪個角度來講,聖史蒂芬大教堂都是維也納最重要的象徵。羅馬式、哥德式、巴洛克式等多種建築風格完美糅合,搭配

✤卡爾廣場上教堂的倒影寧靜而優雅。

得恰到好處而絲毫不覺突兀，神聖而莊嚴，時刻保持寧靜肅穆的氛圍。如果說教堂是淨化
人心靈的地方，而歌劇院卻豐富和提升了人生活的內涵。國家歌劇院是一座具有羅馬風格
的建築物，義大利文藝復興時期大劇院的式樣復古而典雅。義大利生產的淺黃色大理石堆
砌而成，在陽光照射下散發出金碧輝煌的色彩。各處教堂建築風格迥異，但都沒有脫離古
老莊重的範疇，古香古色的建築物與周圍的華麗住宅區協調配合，相得益彰。

　　歌劇院是藝術傳承的最佳場所，漫步在這音樂的殿堂裡，無數音樂人的名字如雷貫耳
般衝擊著人們的耳膜。如海頓、莫札特、貝多芬、舒伯特等音樂家都曾在此度過一生中或
低落、或輝煌的音樂生涯。維也納因他們而舉世聞名，他們的故事因維也納而傳誦至今，
維也納人給予了他們崇高的禮遇。如今，他們的雕像遍布這個城市的各個角落。很多街
道、禮堂或會議大廳都以音樂家們的名字而蜚聲海內外。而他們曾經的居所和墓地，也成
為絡繹不絕的遊人或執著狂熱的音樂愛好者參觀、憑弔的場所。對於這些優秀的非物質文
化遺產，維也納人拿出了極大的熱忱予以宣傳和保存，建造了世界上最豪華壯麗的國家歌
劇院、聞名遐邇的音樂大廳和第一流的交響樂團。維也納歌劇院金色大廳是無數音樂人心
中的聖殿，在這裡，無數動人心弦的音符婉轉傾瀉，迴旋上升，餘音繞梁三日而不絕。每
年1月1日在這裡舉行的新年音樂會，成為全世界愛好音樂的人們關注的焦點。音樂之都
的盛名不脛而走，引起人們無限的遐想和回味。

　　自古以來，城市除居住、休閒外，最重要是防禦保衛的功能。現代的城市防禦功能弱
化了許多，卻還沿襲以往的習慣，城市分層布局，格局嚴整，為本已充滿吸引力的維也納
平添了無數動人的景致。維也納市區面積達415平方公里，由內城、外城、郊區三部分組
成。一環之內為內城，莊重的政府機關和風格鮮明的歷史建築物多分布其中。這裡街道狹

窄，呈環形圍繞，兩旁樹木繁密，一線陽光都難得射進，低矮的灌木叢參差不齊地競相生長。

很多街道由鵝卵石鋪就，高低不平地有序排列，在林蔭的遮蔽下，看上去清涼可愛，總讓人忍不住要脫掉鞋襪，赤裸雙腳在上面行走，一股沁人心脾的涼意由足底上傳至全身，燥熱之感頓時煙消雲散；足底穴位密布，不知道哪塊小石頭會觸動你敏感的神經，打通身體的脈絡，身心突然得到釋放和輕鬆。一環和二環之間是外城，這裡多為繁華的商業區和錯落有致的住宅區；二環之外為城郊，東南兩面是工業區，西郊座落著眾多幽靜的公園、美麗的宮殿和別墅，一直延伸到遠方的維也納森林，織成了一條動人的綠色絲帶環繞著維也納小城，平撫著人類躁動的靈魂。

阿爾卑斯山下，有這樣一個城市，它因音樂而迷人優雅；因多瑙河而靈動異常；因古建築群而宜居宜賞。上蒼獨具慧眼選擇這裡，或許是為了創造一個完美的奇蹟。

✤夜色中的聖史蒂芬大教堂莊嚴典雅，讓心靈得到平靜。

Budapest

布達佩斯

· 自由之城

布達佩斯並不是光芒四射，但是它就像一杯美酒，愈久愈醇，直至沁人心脾。多瑙河是布達佩斯的靈魂，蓋伊特山是布達佩斯自由的嚮往，巴拉頓湖包含著布達佩斯激情的歲月。

⚜布達佩斯夜色中的小巷，
溫暖的路燈照亮回家的路。

有人曾說布達佩斯的天空有巴黎的味道，那是他沒有盡情投入到布達佩斯的懷抱。布達佩斯並不是光芒四射，但是它就像一杯美酒，愈久愈醇，直至沁人心脾。多瑙河是布達佩斯的靈魂，蓋伊特山是布達佩斯自由的嚮往，巴拉頓湖包含著布達佩斯激情的歲月。

如果給城市劃定星座，布達佩斯一定是雙子座的。流淌的多瑙河玉帶過境，將布達與佩斯分割在兩岸，於是靜謐與喧鬧完美地融合在了這座城市身上。如果把布達佩斯比做一位妙齡女子，那麼她可以是明眸善轉的茜茜公主，也可以是堅強剛毅的貞德。

布達位於多瑙河西岸，山地丘陵起伏跌宕；佩斯位於多瑙河東岸，一望無際的平原蔓延向前。連接布達與佩斯的是好幾座氣勢磅礴的大橋，它們風格各異，給布達佩斯增添了不少風情，尤其是最為古老的鏈橋。船隻緩慢通過，鏈橋根根鐵鏈泛著金屬的光芒，剛毅冷峻。鏈橋華燈初上，璀璨耀

眼，照亮了多瑙河兩岸布達佩斯的夜空，迷離中遠處的城堡
華麗魅惑，鋼筋水泥與古老歷史交匯碰撞，卻迸發出了最美
的音響。

　　布達佩斯是一幅油畫，質感真實。布達和佩斯兩個城區
各有特色，它們彷若各不相干，卻又無法分離。布達城區滿
眼望去，歷史的厚重感撲面而來，沿街都是百年建築。隨意
走入一個小巷，古老的橡木門高大沉重，走進其中，就進入
了匈牙利坎坷不屈的歷史。往昔的華麗如今已是戰亂後的斑
駁，鉛華褪盡，古樸的韻味更令人迷戀。伸手觸摸，百感交
集。城堡山一定要去，一層層的王宮城堡依山勢而建，龐大
的建築群是匈牙利往昔輝煌的見證。羅馬風格的漁夫堡本為
漁民防禦而建，米白色的建築有著童話般的精緻和夢幻。

　　佩斯城區就像一個公園般詩情畫意。街道兩旁種滿了菩
提樹、洋槐樹和丁香。春季，丁香花開，整個城區浸潤在暖
暖的香氣中；夏季，綠樹成蔭，鬱鬱蔥蔥的樹木成為街道的
主人；秋季，飄零的落葉就像舞倦的蝴蝶，踩在厚厚的落葉
之上，踏實滿足；冬季，雪打樹冠，潔白安謐。

　　布達佩斯自由女神像高聳在蓋伊特山上，這是布達佩斯
的象徵。布達佩斯至死追求的就是自由。為了自由，這個民
族可以付出一切。歷盡滄桑，布達佩斯這個城市多了些淡然
和寧靜，簡簡單單的生活中堅持著他們的信念：不自由，毋
寧死。

搜索地標：荷蘭首都

Amsterdam

阿姆斯特丹 *律動之城*

阿 姆斯特丹在1926年才建市，正是花樣的年華，水樣的柔情。正如一個活力四射的妙齡女孩，頭插美麗的鬱金香，身著波光粼粼的柔軟錦緞，纖纖玉指上戴著光芒閃耀的鑽戒，間或輕舟行進，也許騎著一輛動感十足的腳踏車，疾馳而來，向著未知的世界而去。

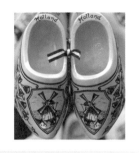

✱到阿姆斯特丹必買的紀念品——木鞋。

✱悠閒的生活方式讓來這裡的每一個人都精神放鬆。

古 人云：「仁者樂山，智者樂水。」山水往往賦予人別樣的情懷。或許是因為聰慧的人都具有水一般灑脫、靈秀的氣質。心懷對智者的嚮往，我們來到了「北方威尼斯」——水城阿姆斯特丹。

阿姆斯特丹是荷蘭的首都，也是荷蘭最大的城市和第二大港口，還擁有世界上最古老的證券交易所和最大的花市。頭頂這麼多的光環，不禁令遊客們的心中浮想聯翩，恨不得插翅飛向那裡。

人們常說：期望值越高，失望值越大。來到阿姆斯特丹，才知此言有虛。中國傳統文化中最推崇的「天人合一」理念，阿姆斯特丹卻貫徹始終。水源源不斷流進城中，家家戶戶水中而居，水因人而越發明淨，人因水而輕靈秀麗。人水互依，和諧相處，渾然天成。

阿姆斯特丹獨特的環境決定了人們的出行方式。有水的地方，渡河造船，越河建橋，水、橋、船三位一體，密不可分。船隻如梭，穿行不息。雜亂而不錯亂，一切都井然

序、有條不紊。水的流動不疾不緩，人的心情如同那潺潺的流水，舒緩地熨貼著，對慢節奏盼望已久的都市人在這裡找到了古典的心靈歸宿。而對於崇尚自然環保生活的人來說，在這裡也能找到知音。滿街滿城很難見到尾部排氣的小汽車行使，有的只是力自足下，自由穿行的腳踏車。

　　1926年才建市的阿姆斯特丹，正是花樣的年華，水樣的柔情。正如一個活力四射的妙齡女孩，頭插美麗的鬱金香，身著波光粼粼的柔軟錦緞，纖纖玉指上戴著光芒閃耀的鑽戒，間或輕舟行進，也許騎著一輛動感十足的腳踏車，疾馳而來，向著未知的世界而去。

搜索地標：比利時中部

*B*russels

布魯塞爾

奇幻之城

說 它奇幻，是因為這裡是風靡世界的漫畫主人公「丁丁」的故鄉，也是他屢次歷險活動的始
發地，隨後的一系列奇遇，都從這裡開始。腳蹬花格兒燈籠褲，手牽小白狗，梳著「一撮
毛」的年輕記者「丁丁」是這座城市的名片和標誌。

時 光如果能倒流，純真的童年時代是每個人的首選。童
年，充斥著浪漫、奇幻和夢想。或許這些東西成人也可
以擁有，但性質和內涵卻不可同日而語。懷揣著對童年的記
憶，走進了一個奇幻之城——布魯塞爾。

潔白的聖米迦勒大教堂純
潔得直指人的心靈。

　　說它奇幻，是因為這裡是風靡世界的漫畫主人公「丁
丁」的故鄉，也是他屢次歷險活動
的始發地，隨後的一系列奇遇，都
從這裡開始。腳蹬花格兒燈籠褲，
手牽小白狗，梳著「一撮毛」的年
輕記者「丁丁」是這座城市的名片
和標誌。步入布魯塞爾，滿街滿
眼莫不是他的可愛形象。而今，距
離他的誕生之日已年代久遠，然而
在人們心中，他的形象歷久彌新，
永保青春和活力。不妨跟隨他的足
跡，慢慢品味這座城市的奇妙。

　　在丁丁的引領下，來到一個小
小的雕像旁，這個頑皮的尿尿小童
恐怕是世界上最著名的孩子。你看
他身體微微傾斜，右手叉腰，左手
做些小動作，臉上的表情很微妙，
既有大笑前醞釀的含而不發，也帶
有些許的戲謔成分，分明是在向侵
略者示威。巨大的危險突然降臨，
他以令人意想不到的方式——撒尿

輕鬆化解了一場浩劫。從此，機智、勇敢、英雄等美好的詞彙紛紛被冠之於身。稚齒小童的靈機一動，改變了一個城市的命運，聽起來似天方夜譚般不可思議，卻是歷史長河中早已湮沒的一朵小浪花，已隨波逐流。若不是有心人鑄造了這尊塑像，當年的傳奇故事也許會成為塵封的往事而不再被提起。雕塑的意義也在於此，變無形的故事於有形，融視覺、聽覺為一體，以供後人憑弔紀念。

　　走過尿尿小童的身旁，漫步在布魯塞爾的街道，街頭巷尾的牆壁上，處處布滿了一幅幅色彩艷麗的巨型漫畫，城區內「無處不漫畫」，彷彿置身於漫畫的天堂。栩栩如生的漫畫環繞四周，丁丁和藍色小精靈的形象是其中絕對的主角。與這些兒時陪伴自己的朋友相會，彷彿天真童趣的時光就此停滯，喚起了心中埋藏已久的美好回憶，想起那年那月那日的點點滴滴，一絲甜蜜和溫暖湧上心頭，浪漫的奇幻之旅在此良久駐足，這些不止滿足了孩子的幻想，還安慰了成年人的夢想——童心不泯，青春永駐。

✳幸福洋溢在臉上，生命如花般綻放。

✳城市中隨處可見精美的雕塑。

搜索地標：俄羅斯歐洲部分中部，跨莫斯科河及其支流亞烏扎河兩岸

Moscow
莫斯科

紅色城池

峥 嶸歲月深深地刻在了俄羅斯大地上，爬滿了莫斯科滄桑的額頭。「大國崛起」的印記在莫斯科隨處可見，充滿了激情和純真的信仰，正如俄羅斯人所講「莫斯科不是一個城市，莫斯科是一個世界。」

紅場是血與淚洗禮後莫斯科孤傲的靈魂，走進紅場就走進了俄羅斯的精神家園。

冰天雪地，戰火紛飛，硝煙中俄羅斯人民創造了一個又一個戰爭奇蹟，「莫斯科不相信眼淚」，細細想來，沒有哪個民族在歷史長河中如此的堅持自我，如此的個性鮮明。峥嶸歲月深深地刻在了俄羅斯大地上，爬滿了莫斯科滄桑的額頭。「大國崛起」的印記在莫斯科隨處可見，充滿了激情和純真的信仰，正如俄羅斯人所講「莫斯科不是一個城市，莫斯科是一個世界。」

　　1147年莫斯科建城，在歐洲大地上，它已經是一個古老的城池了。800多年年輪迴轉，莫斯科坐看繁華起伏榮辱跌宕，走在莫斯科街頭，你會無法放鬆自我，深厚的歷史積澱令人蕭然起敬。莫斯科是一首凝固的史詩，是一件精雕的藝術品。藍天白雲，高塔尖頂，紅色牆面以及冬日的雪陽，莫斯科簡單的輪廓彰顯的是大國的氣質與胸懷，放眼所及，太多的遺跡與宏偉建築必須前往。

　　關於莫斯科紅場，有太多的喧囂與雄壯。紅場於1658年由沙皇命名，意為「美麗的廣場」，在世界幾大知名廣場中，紅場最為簡單美麗，只是它承載了俄羅斯千年的歷史，點點淚痕，斑斑血跡。冰冷的黑色條石鋪就，絳紅色的牆體圍鑄，曾經呼喊的口號，曾經昂首而過的軍隊，還有曾經的沙皇和領袖。

　　每年一度的閱兵式，使紅場一次次成為世界的焦點，俄羅斯人從中看到了往昔的霸氣，美國人看到了久違的威脅，而紅場習慣了宏大的軍隊，習慣了坦克的轟鳴，習慣了激昂的人群。俄羅斯空氣中總夾雜些許寒冷，漫步在紅場，你會詫異紅場的蕭靜，偶爾有戎裝的老兵佇立在廣場中央，來往的人腳步匆匆。

　　俄羅斯民族是一個頗懂風情的民族，從獨具民族特色的建築就能略見一斑。紅場標誌性建築是聖瓦西里大教堂，據說俄羅斯人堅定的認為這是世界上最美麗的教堂，當年修建這座教堂的沙皇為了獨據這個美麗，竟然下令弄瞎了建築師的雙眼。不得不承認，世界上諸多的教堂中，聖瓦西里大教堂的風格確實獨樹一幟，別有情懷。大尖頂的教堂冠雄踞核心，周邊錯落有致的分布著8個不同色彩與紋飾的小圓頂、9個黃金蓋面洋蔥頭狀的教堂頂，圓潤華美，就像俄羅斯少女一樣，絕美之極。即使在莫斯科郊外亦能看到高聳的教堂頂，聖潔之光氤氳天空。

　　曾經不可一世的俄羅斯帝國一直被歐洲排斥，他們鄙視俄羅斯的落後，斥責沙皇的野蠻粗魯。歐洲王室姻緣中很少看到

✤謝爾蓋聖三一大教堂是俄羅斯最著名的大教堂之一，教堂內保有18世紀的俄羅斯繪畫和許多民間藝術品。

❋嚴冬下，在紅場巡邏的
警察。

羅曼諾夫王族的身影。彼得大帝、葉卡捷琳娜二世努力改革
期望躋身歐洲上層，領土急速擴張，人口迅速膨脹，19世紀
初期，沙皇亞歷山大一世甚至成為歐洲的救世主。克里姆林
宮赤紅的磚牆便是俄國皇室逐步崛起的見證。克里姆林宮紅
色的牆體莊嚴穩重，色彩鮮明的白色石頭裝飾牆面，間雜有
金色、綠色、黃色。每種顏色運用的恰到好處，既不喧賓奪
主又大氣壯麗。洋蔥頭似的塔尖氣宇軒昂，將東西方風格完
美融匯，既有東方的內斂又有西方的張揚，既有東方的雍容
又有西方的奢華。

克里姆林宮裝飾金碧輝煌，有小巧的教堂，有巍峨的鐘
樓。著名的「莫斯科鐘聲」來自伊凡大帝的鐘樓。伊凡鐘樓
是克里姆林宮最高建築，金頂卓然。內有大小不一的古鐘幾
十座，「世紀鐘王」重達203噸，鑄造於1733年。登頂鐘樓，
耳聽鐘聲迴盪，莫斯科風情盡入眼簾，泱泱帝國韜光養晦，
自是令人感慨。

「如通天火柱一般，後面燃燒著過去的殘物，前面照耀
著將來的新途徑。」列寧鍾愛莫斯科，此刻他安睡在紅場西
側。列寧墓由紅黑兩色大理石與花崗岩建成，水晶棺中的列
寧面容清晰而安詳。莫斯科保衛戰使納粹瘋狂的進攻止步，
無名烈士墓前五星火炬噴湧而出的火焰自建成之日從未停
歇，「你的名字無人知曉，你的功勳永垂不朽」，英雄老
去，不屈與捍衛長存。

❋謝爾蓋聖三一教堂外，正
在出售的宗教複製畫。

　　除卻深厚的歷史底蘊，莫斯科綠樹成蔭，有「森林國
都」之稱，河流蜿蜒，青山疊嶂。春秋兩季，莫斯科人喜歡
外出踏青燒烤，郊外的別墅此時派上了用場。夜晚，一家人
載歌載舞，甘冽的伏特加酒、硬質的黑麵包，獨特的紅糖茶
飲。如果主人為你準備了麵包加鹽，那你就是尊貴的客人。
冬日銀裝下的莫斯科讓人不禁想到俄羅斯民族的堅韌，彷若
回到了《戰爭與和平》那個奢華與混亂的年代。

　　莫斯科人有著與生俱來的浪漫與文學氣質。家庭即使經
濟拮据，也會有豐富的藏書和藝術掛件。莫斯科街頭行色匆
匆的男女永遠衣著乾淨規整，不帶一絲折皺和凌亂。如若夜
晚有演出要看，優雅的晚禮服必定登場，高貴迷人。

　　莫斯科值得深深體會，每一次的停駐都有不同的華彩，
這個獨特的城市個性鮮明，依舊燃燒著強國的夢想和激情。
白鴿飛過紅場，白樺林裡飄揚著手風琴演奏的俄羅斯民樂。

搜索地標：捷克共和國西部伏爾塔瓦河流域

Prague

布拉格

神秘之城

尼采曾說：「當我想以一個詞來表達音樂時，我找到了維也納。而當我想以一個詞來表達神秘時，我只想到了布拉格。」布拉格寂寞而又擾人的美麗，就像流逝的彗星、綻放的煙花，光蘊般的傳達了永恆的幻滅之美。

✿布拉格城堡區裡的典雅噴水池。

歐洲文化十字路口的布拉格，已有一千多年的歷史，這個在旅行者眼中猶如聖地的城市已經在各種文字圖片中被無數次的用各種方式描述過，但是每當你走近它，還是會被它深深地震撼到。

尼采曾說：「當我想以一個詞來表達音樂時，我找到了維也納。而當我想以一個詞來表達神秘時，我只想到了布拉格」。布拉格寂寞而又擾人的美麗，就像流逝的彗星、綻放的煙花，光蘊般地傳達了永恆的幻滅之美。

塞佛特，這個獲得過諾貝爾獎的天才詩人毫不吝嗇地定位了波希米亞浸在骨子裡的浪漫：「假如讓女人來操縱大炮，落到大地上的將是玫瑰與親吻。」什麼是波希米亞，除卻流蘇、褶皺、大擺裙，更代表了自由奔放無拘無束與不屑。當波希米亞風盛行在大街小巷中時，被年輕人張口閉口必稱時，有誰去尋找過波希米亞的根？波希米亞，在捷克，在布拉格。

捷克等同於波希米亞，布拉格就是波希米亞的精神之都。這個城市從來不缺乏曠野的喧鬧，渴望擺脫束縛的自由精神。這裡的歡樂有它的重量，這裡的悲哀亦有自己的深沉。從卡夫卡到赫拉巴爾，布拉格就是一個誕生寓言的地方，人類的終極命運隱藏其中，在詩歌與小說中，在布拉格黃金般的大街小巷中。

卡夫卡是布拉格的第一面旗幟，在他之後，布拉格徹徹底底成為文人的精神家園。因為波希米亞，因為自由，因為歷史。哈謝克張揚著自己的革命激情，里爾克沉澱著世紀的滄桑，深得波希米亞精髓的塞佛特，憂鬱內斂的米蘭昆德拉……布拉格幾乎集中現代所有出色的作家與詩人。布拉格的魅力與

精神內涵可見一斑。

　　沒有人會去質疑布拉格的浪漫，因為布拉格並非因遊人的親吻才顯得浪漫。布拉格是第一個整個城市被聯合國教科文組織評為文化遺產的城市。伏爾塔瓦河緩緩地流過布拉格，左岸布拉格城堡巍峨神秘；右岸古城區凝縮了歐洲千年的建築史，羅馬式、文藝復興式、巴洛克式、哥

✤遠觀布拉格，那縷縷的浪漫與神秘，狂野與沉靜都慢慢散開，化做一絲憂傷在心頭。

德式、洛可可式，不一而足。登頂布拉格城堡頂樓，布拉格就像一座精心雕琢的城市藝術品。金秋時分，黃澄澄的塔尖聳立在無邊無際的紅黃林葉中，整個城彷若融化在一片金色的光影中，「金色布拉格」不是虛名。歌德曾這樣感嘆道：「在諸多城市像寶石般鑲成的王冠山，布拉格是其中最珍貴的一顆。」

　　作為古老歐洲的中心，布拉格的精華自然在舊城區。無數作家筆下浪漫故事的發生地，讓人相信一切皆有可能。布拉格舊城區除卻古老的建築，一些偏僻寧靜的街巷至今依然是中世紀的模樣：石塊鋪就的街道，煤氣燈式的街燈，宗教色彩的壁畫。古老的電車很有節奏地在街巷中行駛，街道兩旁盡是風格各異的建築，一幢連一幢，流光溢彩般從車窗閃過。隨意徜徉在狹窄的小街上，搜尋著城堡與教堂；或者找個咖啡館花一個下午閱讀卡夫卡或昆德拉；累了，走進十五世紀的小酒店，一切都是舊時風貌，這可是詩人、音樂家和學者聚會的地方。

✤斯特拉霍夫修道院內的圖書館，有著令人歎為觀止的天頂壁畫。

　　凡是到布拉格的遊人，總要前往布拉格廣場觀賞1410年修建的鐘樓，途經鐘樓的布拉格市民也會停下來校對自己的手錶。每到整點，鐘上的窗門便自動打開，鐘聲齊鳴，12個木偶聖像如走馬燈似地一一在窗口出現，向人們鞠躬。這個複雜而又奇妙的自鳴鐘，是15世紀中期由一位鉗工用錘子、

鉗子、銼刀等工具建造的，而今走表精確，也許它也代表了布拉格一種追求，對於精神世界的執著探究吧！

夜晚的舊城將布拉格演化為一個精靈。舊式馬車忙碌地穿梭在廣場，馬蹄撞擊石板發出清脆的響聲；城堡的閣樓忽明忽暗的燈火，即如閣樓內等待情人的公主焦急的心情；小酒店裡音樂嘈雜，不時響起的碰杯聲，讓人感到溫暖而舒適。這是一個中世紀的城市，不關現代；抑或是一個童話的世界，不關現實。就在這似夢似幻中，迷失於布拉格。

布拉格是一個尊重藝術的城市，莫札特和貝多芬都在此居住過，柴可夫斯基在這裡指揮過歌劇《黑桃皇后》。布拉格是一個包容的城市，900年歷史的布拉格廣場有跳舞的波希米亞女子和拉風琴的男人，流浪的藝人和激情的畫家在這裡找到了天堂。流浪的波希米亞人總會回歸故鄉，布拉格廣場才是他們的舞台。

1874年，「捷克音樂之父」史麥塔納絕望地走向查理大橋，他想結束自己悲慘的生命，「那天清晨，我緩緩地走向大橋，沒有人知道我想幹什麼，就在這時我突然聽見了伏爾塔瓦河的激流撞擊查理大橋的聲音……」那一刻，史麥塔納靈感迸發，寫就了凝重又澎

湃的《我的祖國》。這就是布拉格，承載了歐洲千年沉重的歷史，從西元前500年凱爾特人定居在此，到神聖羅馬帝國查理四世時期歐洲風雲變幻的核心，歷史賜予了布拉格深邃的內涵。中世紀的城堡、宮殿、教堂是這裡歷史的見證者。布拉格廣場的基石雖已飽經千載歲月洗禮，但依然厚重。波希米亞人那種縱有苦難也執著無悔的人生態度，想必就與此有關。過往縱然百般榮耀，不如此刻的自由與淡然。

查理四世將布拉格推向了巔峰，他希望布拉格成為世界上最美麗的城市，最輝煌的城市，而今留給布拉格的查理大橋詮釋著布拉格的靈魂。查理大橋連接著老城區與布拉格城堡，據說，站在查理大橋上，浪漫就如滔滔江水般滾滾而來，談場布拉格式的戀愛吧，一定別忘了在查理大橋上手牽手許下山盟海誓，而後乘坐舊式馬車前往古堡舉行婚禮，這可是浪漫的極致。

關於布拉格，一一述來，總覺思路忽左忽右，此刻方明白，難以捉摸的性格，無法確定的面容，若隱若現的真實，這才是布拉格的本質——神秘，令你身陷其中，心甘情願地深陷其中。

搜索地標：丹麥西蘭島東部

Copenhagen

哥本哈根

童話聖地

哥本哈根應該是一個城市規劃的典範，林立的高樓大廈，矗立的工業、企業，並未沖淡中世紀的古色古香，二者相得益彰，更添哥本哈根迷人魅力。從斑駁古舊的舊皇宮到延續神秘的阿美琳堡宮，丹麥皇室續寫著傳奇。

北歐風情首推哥本哈根，也許你會不以為然，論景色哥本哈根的確無法與挪威、芬蘭相比，但是我們來哥本哈根找尋的不是風景，而是空氣中瀰漫的濃濃童話氣息。人心都有柔軟之處，哥本哈根便是你我心靈的童話聖地。讓我們的腳步跟隨心靈追尋童話的影集，回味年少的夢想。

一尾為愛情而生的美人魚，一隻化蛹為蝶的醜小鴨，一襲並不存在的皇帝新裝，一個聖誕夜與雪同眠的女孩，可愛的拇指姑娘，我們童年裡充滿了他們的影子，一點一滴承載了我們多少往事。走在哥本哈根的街上，大槐樹下祖母花白

✻在哥本哈根的蒂沃利公園裡，頗具中國風的寶塔。

的頭髮那麼清晰，儘管周邊是異國風情。

安徒生在哥本哈根度過了他的大半生，他的筆下總是充滿了愛與思想，想來這是優雅的哥本哈根賜予的。哥本哈根最美在郊外，線條那麼柔軟，天空的藍總是清澈無比，原野之上總是色彩紛呈，大片大片的鮮花溫暖喜氣。隨處可見的莊園與古堡，活脫脫就是安徒生筆下的童話世界。莊園靜謐，古堡安詳，遠遠傳來海浪濤聲和鄉村教堂的鐘聲。哥本哈根郊外唯美如畫，這種不關現實的童話之美真讓人想醉到地老天荒。

哥本哈根有「北方的巴黎」之稱，古典藝術底蘊深厚，現代藝術前衛開放，阿肯色藝術中心、國家博物館、國家美術館兼容並包。各種主題的藝術聚會讓哥本哈根全年沉浸在藝術與狂歡之中。7月的國際爵士音樂節，音樂淹沒了人群融化了時空，哥本哈根激情四射，舞動在狂歡的海洋中。狂歡中一杯啤酒，幾句寒暄，丹麥人就視你為知己。快樂的元素瀰漫在哥本哈根的大街小巷與波光水影中。

哥本哈根應該是一個城市規劃的典範，林立的高樓大廈，矗立的工業、企業，並未沖淡中世紀的古色古香，二者相得益彰，更添哥本哈根迷人魅力。從斑駁古舊的舊皇宮到延續神秘的阿美琳堡宮，丹麥皇室續寫著傳奇。丹麥人喜歡去哥本哈根遙望皇室住所，雖然那裡已經漸失神秘。丹麥王室就是哥本哈根的背影，丹麥人骨子裡認為丹麥王室是歐洲最優雅與高貴的王族。

華麗與樸實，古老與現代，自然與人文，寧靜與激情，童話與現實，這就是哥本哈根。

✵哥本哈根著名的神牛噴泉。（上圖）

✵童話的誕生地，有著童話般的美麗。（下圖）

Nice

尼斯 ·自由之城

不論你孤單與否，每個人的內心深處，應該都潛藏著對於狂歡的渴望。狂歡，不一定意味著放浪形骸，無所顧忌。只要舒服愜意，隨性隨心，狂歡的時節永遠不會過去。而要領略另類的狂歡風情，不妨到地中海岸邊來看一看。

✤ 美麗的海岸線是尼斯最精緻的裝飾。

歌手阿桑磁性的嗓音曾低吟道：「孤單，是一個人的狂歡；狂歡，是一群人的孤單。」不論你孤單與否，每個人的內心深處，應該都潛藏著對於狂歡的渴望。狂歡，不一定意味著放浪形骸，無所顧忌。只要舒服愜意，隨性隨心，狂歡的時節永遠不會過去。而要領略另類的狂歡風情，不妨到地中海岸邊來看一看。

地中海岸邊，一座美麗、古樸的城市──尼斯，常年沐浴在四季陽光燦爛的日子裡。海風輕拂下，棕櫚樹列隊迎賓，一路搖曳，葉片的沙沙聲鼓動人的耳膜，直惹得人心裡發癢，忍不住要側目凝視，狂歡的激情，從此刻開始。林蔭大道的盡頭，是一片慵懶、閒適的海灘。面前的海是淡藍色的，微顯些碧螺春的顏色。在那裡海浪簇擁著，溫柔地拍打著海岸，留下一道道白色的如梨花盛開般的碎小浪花；潮聲

起起落落地反覆，節奏遲緩，彷彿在奏響一曲應情應景的爵士樂。和印象中的海灘不同，這裡沒有黃澄澄的沙子柔軟地鋪陳，只有大大小小或灰或白的鵝卵石輕輕地蓋了一層又一層，令人不忍心放下腳步，恐怕踩塌了那一方稀疏的地基。人群三三兩兩地聚集，歡聲笑語此起彼伏地傳來，宛若在舉行一個個小小的Party，每個人都興高采烈，就算是靜坐在一旁的人也洋溢著滿臉的笑意，笑吟吟地看著、聽著。途經此地，路人也要毫不猶豫地參與進那歡樂的海洋。

告別了海洋，來到了陸地上。從哪裡傳來一陣又一陣的喧鬧聲？循聲找去，一年一度的尼斯狂歡節活生生地展現在眼前。城市的街道、房屋，無處不被活色生香的鮮花裝飾覆蓋，宛若一個如夢似幻的童話世界。美輪美奐的花車遊行隊伍過來了，引起陣陣的歡呼聲；主題鮮明的化妝舞會撩起了人們久違的童心，不分種族、膚色，不看身分地位、不論年齡性別，都可以在這別開生面的盛會中一展身手，博取滿堂彩；夜幕時分，絢麗的煙花照亮了人們的眼睛，你我雙目凝視，才能看到絢爛之極的自己。

也許，那被太陽神阿波羅變成美麗康乃馨的少女也禁不住歡樂的誘惑，悄悄地走出花叢，像蝴蝶般飛到我們身邊，見證這璀璨星空下的狂歡之旅。

❋尼斯市場上擺放的讓人垂涎欲滴的漿果和紅加侖子。

❋港口內停泊的船隻也交織成一幅動人的畫卷。

搜索地標：西班牙東北部地中海沿岸

Barcelona

巴塞隆納

璀璨的明珠

漫步巴塞隆納的黃金海岸，腳踩柔滑的細沙，任憑海風吹拂臉頰，呼吸鹹鹹濕濕的空氣，彷彿內心也濕潤了起來。感受黃金海岸的獨特風情，欣賞如畫的美景，一種從未有過的舒適愜意的感覺伴隨左右，突然感覺到生活是那樣美好，所有的煩惱和不快都可以拋諸腦後。

當奧林匹克聖火在北京緩緩熄滅時，你是否心中感到一絲淡淡的失落？對於能被選入參與舉辦奧林匹克運動會的城市，想必是極為出色的，巴塞隆納也曾經這樣輝煌過。

巴塞隆納被譽為伊比利半島上的「明珠」，璀璨奪目、芳華絕代。最令人叫絕的是這裡的氣候。一年四季溫度適宜、氣候宜人。無論遊人哪個季節來，都是旅遊的最好時機。

巴塞隆納地處地中海沿岸，海岸線綿長，金色的沙灘將蔚藍色的海水和墨綠色的林區串聯在一起，海天一體，一眼望不到邊際。藍天、白雲、細浪、沙灘，是這裡永恆的主題展覽。

✤ 這樣的美景你不能緊盯太久，否則那逼人的氣焰將會灼傷你的眼睛。

你是否還為城市中每天的陰雲密布而感到壓抑，是否為穿行在鋼筋叢林中而感到拘束，幾米漫畫中神情黯淡而失落的人物形象恐怕就是你的真實寫照。何時才能重現昨日的笑臉？也許外出旅遊是一個不錯的選擇。而陽光、海岸、沙灘是理想的度假勝地。來到巴塞隆納的金色海岸，在這裡放鬆心情，愜意地享受大自然帶來的舒適感受。躺在柔軟、溫暖的沙灘上，順滑的細沙摩挲著你柔嫩的肌膚，從你的指縫間悄悄溜走，你想攬住一粒沙都難以為繼。棕櫚樹葉迎風搖曳，身材健康、勻稱的比基尼女郎活力四射地迎面走來，洋溢著激情和青春的活力。

走近它，感受這座城市跳動的脈搏，經歷了奧林匹克的洗禮，運動精神已經滲入這裡的一草一木。巴塞隆納及其周圍的地區因為奧運會而留下的體育設施很多，熱愛運動的人們可以開展各項體育運動，如球類運動、游泳、滑水、打獵、釣魚等，豐富多采，應有盡有。因為現代化的城市中從來都不缺乏動感的韻律。

懷舊是人們經常關注的話題。古老的城池與現代化建築巧妙地糅合併存，風格迥異卻相得益彰。巴塞隆納的老城區擁有一個風景獨特的哥德式建築區和很多古建築遺址。夕陽西下，灰色石頭建造的遺址在地上灑下黑色的陰影，靜靜地矗立著，彷彿隨時空逆轉回到了最初的原點。如果你只是把它們當做冷冰冰的物體來對待，便難以讀懂它們顯示的活生生的語言。因為每一處遺址都曾經承載了生命的寄託。

巴塞隆納有一條觀光必遊之路，即從和平之門廣場到加泰隆尼亞廣場之間的「花市大街」。走在街頭，不時會看到修葺一新的廣場和繁花鬥艷的公園。一般情況下，人們在加

✤ 在歷史遺跡面前，人們的心中往往懷著極其複雜的情感，有對往日的回憶，有對今夕的對比，還有對未來的期盼。

105

泰隆尼亞廣場逗留的時間最長，因為在那裡可以購物、娛樂兩相宜。無數小攤當街一字排開，吆喝叫賣聲、討價還價聲此起彼伏，人們可以根據自己的愛好選擇獨具民族特色的商品，留待日後賞玩。各具風情的人物雕像四處散落著，雖然不聲不響，卻時時刻刻提醒著人們該歇腳休息下，或者拍照留念，不要忘了寂靜的角落裡還有它們在悄然地等待著被人欣賞。看一路的風景，感到勞累時，也有休憩吃飯的好去處，街邊遍布的咖啡館、餐館和酒吧服務質量優良，可以品嚐到地道的義大利咖啡、美味的比薩以及純正的葡萄酒佳釀。加泰隆尼亞蛋奶甜食和麵食享譽全球，以往只能吃些舶來之品，這次終於可以到原產地咀嚼原汁原味的食品了。如果對這些還不滿足，那就慕名去尋訪布拉瓦海灣的龍蝦、海鮮和香腸煮豆吧，旅遊中千萬不能錯過美食，否則是怎麼也不能彌補的損失呢。

酒足飯飽後，繼續行程，很多風景都一眼掠過。公園裡的噴泉設計精巧，噴出的水滴如珍珠般晶瑩透徹，在陽光下閃耀著迷人的光彩。孩童們

在水池邊歡快地嬉戲、追逐，臉上水漣漣地閃亮著，不知是汗水還是泉水。大人們則在一旁笑吟吟地看著，臉上洋溢著滿足的幸福感。看著這溫情和諧的畫面，令人不忍心抬起腳步，生怕驚擾了那一份安謐。

休閒娛樂，邊走邊看，似乎還是缺了點什麼。思索間才醒悟到，來到歷朝古都，怎麼能不去體會文化藝術的博大精深呢。西方城市的博物館進入都是免收門票的。不論你喜歡哪種風格的藝術，都能在巴塞隆納得到滿足。市內隨處可見聞名世界的藝術大師畢卡索、高第、米羅等人的傑出遺作。現代藝術博物館、弗雷德里克·馬賽斯陳列館、畢卡索博物館、海洋博物館等20多所不同主題的博物館，默默等待著厚積薄發的一天。

漫步巴塞隆納的黃金海岸，腳踩柔滑的細沙，任憑海風吹拂臉頰，呼吸鹹鹹濕濕的空氣，彷彿內心也濕潤了起來。一種從未有過的舒適愜意的感覺伴隨左右，突然感覺到生活是那樣美好，所有的煩惱和不快都可以拋諸腦後。當你沉溺其中不能自拔的時候，不要自責，這不是單純的享樂主義，親近大自然的活動永遠都不會過時。

搜索地標：義大利東北部，亞得里亞海威尼斯灣西北岸

Venice

威尼斯

水鄉的記憶

威尼斯注定生生世世與水相伴，大運河不緊不慢地穿過威尼斯，像個反寫的「S」將威尼斯角落間的華麗串連起來。水波泛著青藍色，微微氤氳。威尼斯的天氣總是那麼清麗，蔚藍的天空絲絲白雲掛在天際，乾淨得一塌糊塗。

蜿蜒的小巷，流動的情波，夢幻蕩漾在水面，一抹浪漫情懷滑過，這就是威尼斯的靈魂，給人無限的遐想，無限憧憬。世界上的城市太多模式化，令人壓抑，唯獨威尼斯絲毫不落俗套，一如既往地堅持著自己的傳統，與水為伍，與橋相伴，船行水巷，青苔鋪地。

✤歷史的積澱成就了威尼斯的厚重，更成就了威尼斯的獨特。

威尼斯注定生生世世與水相伴，大運河不緊不慢地穿過威尼斯，像個反寫的「S」將威尼斯角落間的華麗串連起來。水波泛著青藍色，微微氤氳。威尼斯的天氣總是那麼清麗，蔚藍的天空絲絲白雲掛在天際，乾淨得一塌糊塗。

古老建築屹立在河邊，半個底座已在水中度過百年，水草環繞，層層青苔圍繞著底座緩緩生長，潮濕又有些質感的令人忍不住親近，濕漉漉的，滑滑的。威尼斯人任它們生長，這是這座城市的標記，是歸家的號角。

如果將中國江南水鄉比做中國水墨畫的話，威尼斯就是典型的水粉畫。威尼斯的建築年代都較久遠，多建於14～16世紀，不論教堂還是宮殿，

隨便一個轉角都能看到典型的歐式風情。據不完全統計，威尼斯有7座教堂，200多座宮殿，每一座建築都有著華麗的往事。文藝復興時期，威尼斯包容百家之長，並未侷限在一種建築形式，所以我們有幸在面積並不廣闊的威尼斯看到各種風格的建築：拜占庭式、哥德式、巴洛克式還有優雅又放縱的威尼斯式。幽幽的清波間，橙黃、米黃、雪白、大紅的牆體搖曳著不同的風采。威尼斯每個庭院都少不了綻放的花園，藏匿不住的美麗越過院牆，淡紫色的花朵洋溢著威尼斯人的知足和幸福。遠遠望去，彷若從水底升起的畫廊，無邊無際，清秀水靈。

　　威尼斯走街串巷的工具就是它特有的「貢多拉」船。這種被譽為「水上賓士」的船隻煞是美麗，每個船隻都洋溢著船主人的藝術品味。貢多拉船呈月牙形，黑色的船體極為考究，雕刻有精美的花紋。最美的是貢多拉多才多藝的船夫，藍白條紋的汗衫總是平整有型。對於威尼斯人而言，乘坐貢多拉更多是一種對浪漫的追尋。船夫隨口而出的船歌嘹亮動聽，趣味十足。就連乘客也被他們的快樂感染，忍不住隨聲附和，偏偏找不對音調，引來笑聲一片。泛舟於水道，海風輕微，真想一生就在此船度過。

✣ 古老的威尼斯，美麗的水城。

✣ 繽紛華麗的威尼斯狂歡節造就了華美絕艷的面具和衣飾。

✿夜色中的威尼斯華美得讓
人不忍少看一眼。

　　威尼斯橋多，每個水道間都有小橋相連，數不清的橋可以帶你去威尼斯任何一個角落。威尼斯的橋儘管數量多，但是絕不雷同，各有韻味。最為我們熟悉的是徐志摩筆下的歎息橋。這是一座巴洛克風格的橋，橋體封閉連接著總督府和監獄。曾經血腥的橋因為拜倫的詠歎而賦予了愛情的含義。如今這裡成為見證愛情的地方，無數情侶不遠而來祈願天長地久。

　　威尼斯並不是一個特別安靜的地方，人群熙熙攘攘，熱鬧而不喧囂。水面的微瀾適時地融化了人群的擁擠。威尼斯人是驕傲的，畢竟這裡曾經握有全歐洲最大的人力、物力、財力，一度的權勢巔峰造就了威尼斯的華麗，昔日的榮耀依然閃爍著光彩。威尼斯中心的聖馬可廣場被拿破崙稱為「歐洲最美麗的客廳」，聖馬可教堂八九百年歷史的積澱讓它卓爾不群，異常的莊嚴華麗。它完美地將拜占庭式、羅馬式、哥德式風格融於一身，優雅、堅挺又圓潤。威尼斯十字軍東征浩浩蕩蕩，劫掠的無數寶貝都珍藏在聖馬可教堂，遠望這些寶貝，歷史的硝煙撲面而來，信仰抑或權力都可以令人瘋狂。聖馬可廣場的鴿子在四處尋覓著食物，肥碩的軀體搖搖擺擺，倒有些君王的氣度。

　　曾經榮耀的城市，華麗不會退卻，只是多了些頹廢的美

感。說起威尼斯風情,總會想到夜夜笙歌,燈紅酒綠不知歸處。華燈初上,威尼斯的嫵媚盛宴拉開序幕。月色朦朧,婦人一襲露肩華服,走過宮殿魅影,隨性走進一間酒吧,半靠吧檯,一杯雞尾酒,一支摩爾煙,周圍慇勤者不斷,卻都不入她的法眼。威尼斯兩岸酒吧林立,舊日的貴族承襲古老的習慣,依舊保持高貴姿態。據說每位威尼斯婦女都有無盡榮華的晚禮服,威尼斯男士總會講述家族的歷史,也許酒醉迷離才能回歸往日輝煌。有人說威尼斯就像一個孤島,獨自過著威尼斯式的華麗歲月,偏偏引來全世界的人一起體會。

體會完畢夜生活,不妨招手一艘貢多拉,將自己完全丟到夜色中的威尼斯,沿著蜿蜒水道,聽風歌唱,與水相依,遠眺古老建築光影浮動,不需理會岸上的喧囂熱鬧。貢多拉輕搖,搖散了水面的寂靜,搖進了你的夢鄉。有人戲言,威尼斯讓人有回家的感覺,這一定是貢多拉的功勞。

威尼斯,這個城市其實很難勾畫,古典浪漫中有些頹廢,華麗雍容又有些沉靜。地中海給了它陽光與海水,久遠的歷史給了它榮耀與傷痕,無邊無際的水承載了它的一切。這個城市,你去過一次,一定還會去第二次、第三次。它會走進你的心裡。

✷朱自清先生曾將威尼斯大運河比做中國的街道,而那數不盡的水道就成了北京七拐八拐的小胡同。

✷威尼斯精美絕倫的玻璃製品。

搜索地標：瑞士東北部

Zurich
蘇黎世 ·銀行世家

蘇黎世彷彿一個貨幣集散地和中轉站，每天不盡的滾滾財源途經這裡，休憩整理後再氣勢洶洶地出發，奔向世界的每一個角落。

✤華燈初上的蘇黎世既寧靜又溫馨。

人們理想中財富天堂的模樣大概就是「遍地黃金，富甲天下」。在現代社會，財富的涵義已被重新劃定，而你若想了解其中的緣由，不妨到蘇黎世來看一看。

商路要衝，水陸空交通樞紐，蘇黎世的地理條件得天獨厚，能夠物盡其用，貨暢其流，流通一詞的意義在這裡完全被演繹出來。因為匯通天下，它處於瑞士和西歐的金融中心的地位被逐步奠定。市內集中了上百家外資銀行，各國的財富在這裡出入。蘇黎世彷彿一個貨幣集散地和中轉站，每天不盡的滾滾財源途經這裡，休憩整理後再氣勢洶洶地出發，奔向世界的每一個角落。世代積累，這裡匯聚了先進的投資融資設備和優秀的金融人才，如火如荼的證券交易所和黃金交易市場成為其最顯著的標誌。

在商言商的城市，難免多了幾分銅臭的世俗氣。它在物質上是富有的，卻不知精神幾何？若你親自到蘇黎世走一走，便會發現它的與眾不同之處。市區被利馬特河分為東西兩岸，新城與舊城被縱橫錯亂的羊腸小道左右纏繞得如迷宮般捉摸不透。大大小小的商店遍布城區，各類生活休閒設施種類繁多，令人目不暇接。風格各異的酒吧、咖啡屋、古玩廳、時裝店等如零落的繁星點綴在街區，寧靜中不失繁華，是上班族下班休閒的好去處。

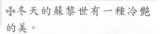

❋蘇黎世街頭身著維多利亞時期服裝的可愛女孩。

城市的母體孕育了現代大學的建制。這裡擁有培養偉大的科學家愛因斯坦和沃爾夫岡·包立的搖籃——蘇黎世大學。大學濃厚的文化氛圍感染了城市，帶動了文化娛樂設施的興建。在蘇黎世這個小小的彈丸之地，竟建有20多個博物館，100多家畫廊、音樂廳和歌劇院，給予人們豐厚的藝術養料。隨便走進一個博物館，感受到的莫不是濃郁的民族風情和神聖的宗教氣氛。歷代遺物，聖壇祭品，古代飾物、服裝等笑語嫣然地從彩色的玻璃窗、維多利亞式的尖屋頂中走出來；一幅幅美不勝收的巨匠畫作陳列於別緻精巧的畫廊中，等待有心人的挑選；聽到那遠方傳來的悠揚、動聽的音樂了嗎？不知是哪家音樂廳和歌劇院又奏響了美妙的樂章。在藝術的殿堂中流連忘返，賞心樂事欣賞小城之月。縱使千金的引誘，也難換這美妙的時刻。

❋冬天的蘇黎世有一種冷艷的美。

搜索地標：義大利南部

Naples

那不勒斯

陽光和快樂之城

如果你不留戀大都市的燈紅酒綠，不屑於旋轉目眩的現代化高層建築物，不沉醉於動威火爆的人潮舞池，那麼就來那不勒斯小居吧。這裡有風景秀麗的海灘美景、有典雅莊重的古代建築物，神秘莫測的歷史遺址，味道可口的營養美食，令人心曠神怡的清新空氣。所有這一切，不都是一個完美假期的必備條件嗎？

義大利有句諺語：「看一眼那不勒斯，然後死去。」對那不勒斯可謂推崇備至。千百年來沉澱下來的語言，必有其深刻的含義在內。出於對這句諺語的好奇和探究心理，我們來到了陽光和快樂之城——那不勒斯。

那不勒斯是義大利南部的港口城市，先後歸屬羅馬、拜占庭、西西里等王國，直至最後併入義大利的版圖，城市歷史發展脈絡清晰而完整。

歷經朝代更迭的城市往往有一個突出特點，那就是珍貴歷史遺跡的多處留存。這點在西歐的城市建設中表現尤為明顯。

那不勒斯市中心，矗立著一座皇宮。與中國皇帝以金黃色為尊貴之色不同，這裡的宮殿都是米白色的，不知是什麼原因。如果要細想其中的奧秘，那就太複雜了。步履匆匆中

平民表決廣場是那不勒斯最具代表的建築之一。

來不及思考，只是一味地走著、看著。和故宮類似，這座皇宮以在屋頂上的3層鐘塔為中軸線，將皇宮分為規整的兩半，左右對稱，協調一致。中國的皇宮中往往收藏著歷代君主畫像，而這裡放置了幾尊那不勒斯重要國王的雕像。或許是西方的藝術家們更喜歡追求立體效果吧，所以才會有這麼多栩栩如生、鮮活生動的人物雕像。皇宮作為國王生活、休息的場所，自然不缺乏娛樂設施，皇宮內設有皇家圖書館，收藏了歷代珍貴的書籍，由於年代的久遠或為稀有之物，其中有一些還價值連城。這或許從一個側面說明了「書中自有黃金屋」的道理。皇宮劇院是王室貴族們又一個休閒娛樂的好去處，那裡設有國王的專座和貴賓席，各種裝飾品將這裡修飾得華彩斐然。想想那時劇院裡的歌劇魅影、夜夜笙歌，那些從影視中才能看到的場景和排場，如今身臨其境，還是覺得如在夢中，沒有一絲真實感。走走停停、不知不覺中，夕陽已西下，微黃的陽光從窗口斜射進宮內的地板上，發出黃暈的光，看著它們默默地匍匐著，一種陳舊、沒落的感覺襲上心頭，與現在王室的衰落消亡的背景相吻合。不由得感嘆滾滾長江東逝水，浪花淘盡了多少英雄，一切都付笑談中。

在那不勒斯的城郊，一座氣勢雄偉的安吉文家族的城堡默立著。古堡相對獨立又自成一體，內部設有博物館和教堂，不經意間，你會看到一對新人在這裡拍下浪漫、古典的婚紗照片，借助古堡典雅神秘的特質，他們的婚禮必定會平添幾許高貴、奢華的氣息。站在城堡中向外望去，那不勒斯灣和龐貝古城的身影隱約可見，神秘撩人。

那不勒斯歷來被譽為「陽光和快樂之城」，「天藍藍，

✲「蛋堡」一個有趣的名字，那不勒斯就是從這裡發展起來的。（左圖）

✲讓那不勒斯聞名世界的龐貝古城，散發著古老而神秘的氣息。（右圖）

✳停靠在港口的船隻,給那不勒斯帶來些許浪漫而又溫馨的氣氛。

海藍藍,波浪逐沙灘」的那不勒斯灣功不可沒。赤足嬉戲在美麗的海灘上,沐浴著溫暖卻不刺目的陽光,呼吸著鹹鹹濕濕、帶有腥味的空氣,任憑細浪柔和地撫摸著腳上、腿上的肌膚,追逐海浪的腳步聲打破了海灘的寧靜。日光浴是這裡休閒娛樂的必選項目之一。身著片縷躺在熾熱的細沙上,任陽光暖洋洋地播散在身上,全身如同蓋了一層溫暖、透氣的棉被,渾身都舒坦放鬆,不知不覺中會沉沉睡去,進入夢鄉。

熟知歷史的人都知道,那不勒斯之所以會名揚天下,還因為它曾經埋藏著一個驚天大發現,這個驚天大發現就是被掩埋了1600多年的龐貝古城。追究起來,這件事的始作俑者是維蘇威火山,維蘇威火山曾經噴發過多次。其中,最具有戲劇性的是在1944年的一次爆發,從火山上蜂擁而出的熔岩、火山礫和火山渣堆積在山頂大約有500公尺的高度。這一奇特場景使二次世界大戰中在山下的交戰雙方停止了激戰,成千上萬的士兵爭相目睹這一大自然的奇觀。而最撼天動地的一次是在西元79年,灼熱滾燙的火山灰掩埋了當時繁華興盛的龐貝古城,並使其在十幾個世紀裡淡出人們的視線。對於一個古城的失蹤湮滅,歷史學家多方揣測,眾說紛紜,卻不得而知其究竟。正如冰山終會消融,歷史的真相終究會浮出水面。18世紀人們在數公尺厚的火山灰中發現了千餘年來難覓蹤跡的龐貝古城時,對它的勘探、探訪在很長一段時間成為考古學家們蜂擁而至的密集活動。

現在挖掘勘測仍在繼續,無數遊客紛至沓來,進入塵封千餘年的遺址參觀。當年的街道、房屋等建築物,花園、廣場等公共設施均清晰可見,城市的布局隱約還能觀察到。而最衝擊人心的是面臨突如其來的災難時,人們或驚恐、或絕望的眼神,臨死掙扎的形態各異而逼真。龐貝古城如一個活生生的歷史博物館,告訴人們曾經發生過的巨大災難給人類帶來的毀滅性打擊。

站在這些石像面前久久地凝視,胸中湧起的是悲天憫人的情懷和最原始的感動。作為災難的受害者和經歷者,他們將自身的身體貢獻出來作為標本,供後來人研究借鑒,並警

醒世人。在安樂中要具備強烈的憂患意識，未雨綢繆，深思熟慮，趨利避害。

「看一眼那不勒斯，然後死去。」不論你同不同意這個觀點，那不勒斯作為世界上最美的景點之一是毋庸質疑的。如果你不留戀大都市的燈紅酒綠，不屑於旋轉目眩的現代化高層建築物，不沉醉於動感火爆的人潮舞池，那麼就來那不勒斯小居吧。這裡有風景秀麗的海灘美景、有典雅莊重的古代建築物，神秘莫測的歷史遺址，味道可口的營養美食，令人心曠神怡的清新空氣。所有這一切，不都是一個完美假期的必備條件嗎？從你開始流浪的地方出發，千里跋涉來到這裡。走在旅途中，漸漸遠去的是身在都市的煩躁、枯竭和麻木；取而代之的，將是關於那不勒斯的靜謐、豐富和美感。

搜索地標：挪威西南海岸

Bergen
卑爾根

纜車內的風景

這座被在高空纜車上俯看的城市就是挪威的第二大城市——卑爾根。身處高空纜車中俯瞰、遊覽一座城市，這還是第一次。雖是不經意間的驚鴻一瞥，卻令人印象深刻。讓人們不得不走進它，細細咂摸其中的味道。

細雨的時刻，撐一把油紙傘，漫步在山間小道上，乳白色的霧氣籠罩著輕紗似的夢，任憑你從哪裡來，要到哪裡去，都會被這仙境般的朦朧迷濕了眼睛。人說眼睛是心靈的窗戶，而這紛飛的雨絲四散灑落，沖拭著這兩扇打開的窗，令雙眼越發清靈明亮。透過這豁亮的窗口，一派動人的景色映入眼簾。

✿古老的木屋顏色亮麗，充滿了童話色彩。

目之所及，山青水秀，四處澄明。手指劃過枝枒的邊緣，耳畔的風聲呼嘯而過，行走在天地間，穿梭於崇山峻嶺中，神遊天外，閉上雙眼，感覺心也在飛翔。爾後睜開雙眼俯瞰下方，迷濛的綠色成片地鋪開，伸展至望不到邊際的遠方，那裡是否隱藏著更令人嚮往的景致？是否有小精靈們翻騰雀躍、追逐嬉笑的身影？身處高空纜車中俯瞰、遊覽一座城市，這還是第一次。雖是不經意間的驚鴻一瞥，卻令人印象深刻。讓人們不得不走進它，細細咂摸其中的味道。

這座被在高空纜車上俯瞰的城市就是挪威的第二大城市——卑爾根。或許是為了能夠開闊視野，眺望遠方，卑爾根建於山丘之上，座山面海，彷彿預示著這座城市既能固守傳統，又能迎接新的挑戰和未來。令人稱奇的是，市區周圍散落著7座高山，如堅實的銅牆鐵壁，為這座小城抵擋著一次次的風霜雪雨；又如列隊的士兵，永恆地守護著這座山中的牧場。走進城區，首先進入視野的是千萬條石頭鋪成的幽深小巷，脈絡縱橫，使小城四通八達。走過巷道，兩旁木質的古老房屋散發出木材的清香；路邊成隊排列的店舖前，各種商品琳琅滿目地擺放著，默默等待有情人的到來。走過一個拐角，你也許會看到一個露天的海鮮市場，不時散發出陣陣魚腥味，勾起人們對美食的渴望。正如一個鮮活的生命體，小巷是它流通不息的血管，輸送各種新鮮的物資原料出入；店舖和市場是它身體的各個器官，不時地接受營養的補給以維持生命的律動。

生命的律動在這裡徜徉，如一位默默守候等待歸人的少女，雖身在庭院，難出閨閣，卻溫柔多情，無限的愁思和惦念都化作點點相思淚，御風而行，追逐著遠行人的身影，傾訴她滿腔的思念，也淋濕了那人的衣裳和心靈。

✤卑爾根最古老的地方是布里根舊城區，這裡擁有很多古老的木屋，木屋上都裝飾著極其精美的雕像。

✤卑爾根周圍的高山如士兵般守衛著這座小城。

搜索地標：西班牙首都馬德里西北約70公里處

Segovia

塞哥維亞

與歷史漫步

擁有兩處世界文化遺產名錄，珍貴的建築物所呈現的複雜歷史現實。幾經興衰的塞哥維亞城在眾多的歷史名城中脫穎而出，散發著熠熠生輝的光彩，引發了世界各地人們的羨慕目光和追訪之旅。

塞哥維亞是西班牙的歷史名城，歷經數次改朝換代，風雨飄搖中多種文化互融共存。摩爾文化、基督教文化及猶太教文化都曾在這個彈丸之城留下印跡，這些在城中風格迥異的建築群中可見一斑。

每一個走進奇幻世界——迪士尼樂園的人，都會驚歎於華麗典雅的睡美人城堡的建築特色。只需看上一眼，就知道那是童話故事裡的古代城堡，充滿了深不可測的致命吸引力，亦真亦幻。

其實城堡本身也是有原型存在的，那就是西班牙的塞哥

✤塞哥維亞擁有許多古老的城堡建築，這些古老而美麗的建築是它永恆的驕傲。

維亞城堡。城堡地處軍事戰略
要衝，依地勢而建，臨崖矗
立，四周環繞護城河，城池堅
固，氣氛森嚴，如銅牆鐵壁般
易守難攻，自古即是各派勢力
爭奪的焦點。它的建築構造特
色鮮明，最顯眼的哥德式尖塔
直插天際，高低不齊，錯落有
致，既似一座石林懸浮空中，
空中樓閣般縹緲；又似士兵列
隊守護，守衛著肅穆莊嚴的
城堡。在城堡下站立，噤若寒
蟬，生怕驚動了門前的衛士和
城堡中居住的王子公主。

　　猶豫再三後，好奇心還是
戰勝了對神秘城堡的恐懼感，
爬上城堡，才更能體會到「會
當凌絕頂，一覽眾山小」的豪
邁氣概。居高臨下俯視大地，
塞哥維亞城內的獨特建築景觀
和附近平原的自然風光盡收眼
底，一覽無遺。成片茂密的蔥
綠圍堵著四處散落的建築物，
任憑它們如何努力都難逃綠意
的包圍。清新的空氣就此吹
來，先前的沉悶氣氛消散，心中一片舒暢。

✳建於15世紀的「鑽石屋」，
有著極具特色的外觀。

　　如果說城堡是政治、軍事鬥爭的副產品，那古羅馬大渡
槽則是造福於民的優質遺產，站在這個土黃色花崗岩堆砌的
龐然大物前，不得不再次感嘆古代能工巧匠的技術超絕，竟
然不用灰漿便能將花崗岩砌出高達30公尺的水利工程，調節
水運的功能竟持續了如此之久。望著被水沖刷磨礪了千年的
數百個孔槽，心中想著，恐怕會有無數說不盡的傳奇故事流
傳下來吧！

　　擁有兩處世界文化遺產名錄，珍貴的建築物所呈現的複
雜歷史現實，幾經興衰的塞哥維亞城在眾多的歷史名城中脫
穎而出，散發著熠熠生輝的光彩，引發了世界各地人們的羨
慕目光和追訪之旅。

　　行走在塞哥維亞，與歷史漫步，你不虛此行。

搜索地標：義大利亞平寧山脈中段西麓盆地中

Florence

佛羅倫斯

魅力之城

鮮花簇擁的城市，美則美矣，是否具有靈魂？對於佛羅倫斯來說，這根本不是問題。深厚的文化底蘊浸潤下的城市從來都有自己獨特的精神世界和魅力。千百年前，文藝復興之花在這裡開遍，米開朗基羅、達文西、提香、拉斐爾……這些藝術大師都曾流連於佛羅倫斯。如今，他們的生平事跡和作品，佛羅倫斯人都能如數家珍，信手拈來。

✤歐洲最著名的藝術中心，有著超越一切的美艷與繁華。

如果說羅馬給人的印象是一種雄壯、悲涼之美，那麼義大利的名城——佛羅倫斯則呈現給人一種艷麗、繁華之美。羅馬彷彿一個英勇的騎士蓄勢待發，而佛羅倫斯卻似一個彬彬有禮的紳士，邊緩慢地行走著，邊奏響了和諧、優美的樂音。這個城市注定和鮮花有緣，佛羅倫斯在義大利語中意為「鮮花之城」。也被中國的詩人徐志摩賦予「翡冷翠」的美稱。這是一個怎樣充滿魅力的城市，引起了無數人的好奇心。試著走進它，或許你會發現其中的奧秘。

「碧雲天，黃葉地，秋色連波，波上寒煙翠。」這段中國的古典詩詞竟然能在佛羅倫斯找到獨特的意蘊。陽光普照下，藍天白雲畛域分明，晴朗的天空遼闊而深遠，浩瀚的雲海望不到邊際，若是凌空飛翔，想必也是暖意濃濃的吧。從高空俯瞰，佛羅倫斯的樣子小巧而精緻，周邊被星羅棋布的村莊及鄉間別墅包圍，更顯得小鳥依人，楚楚動人。走近它，你會發覺，屋頂的深紅色和百葉窗的綠色是這裡的主打色，紅色的帷幕輕輕地覆蓋在城市上空，熱烈又充滿力量，向空曠的天空發出陣陣吶喊，一股誓不低頭的勁頭展現無遺。透過縫隙向下窺視，象徵生命的綠色在風

中搖曳，密密麻麻的窗口都在跳躍著，舞動著，歡迎遠道而來的客人。

佛羅倫斯是一個古典氣息濃厚的城市，走進市內的街道，各類店舖比比皆是，尤其是一些傳統的工匠店舖，製作和出售的飾品獨具異域特色，繁雜卻不凌亂，洋溢著濃郁的義大利民族風情。走過看過，忍不住要摸摸試戴，自我欣賞一番，才覺得不枉此行。傳統的飾品只不過是被輕輕掀開的冰山一角，與它的千載流傳呼應，還處處坐落著流光溢彩的古代藝術品和建築物。它們同樣是滾滾逝去歷史的見證者和承載者。

✤橋與屋的完美結合。

每一個來到佛羅倫斯的人，第一選擇必定是寬闊的米開朗基羅廣場。這裡最引人注目的是佛羅倫斯的象徵——大衛雕像。大衛雕像挺立在米開朗基羅廣場上已數千載春秋，風霜雪雨都不能讓他屈服。他眉頭緊鎖，雙目充滿神采，全神貫注地直視前方。左手曲折上抬，扶著肩上的投石機，右手順勢下垂，緊握石塊，做好了隨時戰鬥的準備，緊張的情緒溢於言表。有人說大衛代表了男性的陽剛之美，是力量的象徵；有人說他是一個頑強的鬥士和值得人們敬仰的英雄；還有人說他是西方美術史上最值得誇耀的男性人體雕像之一。不論哪種說法，無不說明大衛在人們心目中崇高的地位。而佛羅倫斯人選擇它作為城市的象徵，既是慧眼識英雄，也是尊重藝術家，傳承優秀文化成果的自覺選擇。站在廣場上，舉目向佛羅倫斯城內望去，紅色磚瓦、古香古色的建築物、現代化的建築全都盡收眼中，整體呈現出一種古老典雅的氛圍。站在其間，恍然回到了中古世紀的城市，耳邊響起的是戰馬嘶鳴，不知不覺間移步換景，竟望到了傳說中美輪美奐的佛羅倫斯大教堂。

✤斑駁的雕像訴說著人間的滄桑。

遠眺佛羅倫斯大教堂，它高貴的身姿如端莊華麗的美貌貴婦，散發著迷人的魅力，吸引無數遊人前來爭睹它的容顏。教堂的外部以粉紅色、綠色和奶油白三色的大理石砌成，清新的色調突出了教堂溫婉、優雅的女性氣質。一個挺拔、堅實的建築物，本應充滿了力量與剛強。在精心設計調配的色彩裝飾下，卻顯得含情脈脈，柔情無限。朗朗晴空下，佛羅倫斯大教堂筆直地矗立，它的身影雖然高大威猛，卻絲毫沒有盛氣凌人的態度，寬容、和藹地注視著下方的世界，那一方世界上最大的穹頂傲然凌空，為佛羅倫斯撐起了優美的天際線。弧線的兩端，分別連接著天堂與人間，為天、人溝通假設了一座神奇的橋梁，也給教堂蒙上了一層神秘的色彩，令人神往。

和教堂相呼應，旁邊屹立的是一座高聳的鐘塔，呈四角形的柱狀，仍舊還是粉紅、濃綠和奶油三種顏色互相調合，營造了塔樓溫馨、柔和的氣氛，且與教堂的外部顏色協調一致，不由得讓人懷疑它們是不是出自一個設計師的傑作。鐘塔底部建有精緻美麗的浮雕，做工精良，畫面逼真，若靜止的播放器，默默地無聲傾訴自己的故事，穿越了千年的風雨，歷經了歲月的磨礪，時間老人在它身上留下了明顯的痕

✦聖喬凡尼洗禮堂最有名的就是三面青銅門浮雕，被譽為「通往天堂之門」。（左圖）

✦大衛雕像的複製品位於米開朗基羅廣場上，是佛羅倫斯的中心。（右圖）

跡，這絲毫不損害它的芳華，絕代的丰姿依然迷人。好不容易將注意力從浮雕處轉移出來，沿著內部的樓梯拾級而上，盤旋曲折，蜿蜒而行，不知不覺中來到了鐘塔的頂部。這裡與城市的喧囂吵鬧隔絕，隱藏了巷尾間雜亂無序的瑕疵，看到的只是佛羅倫斯最美的風景。周邊屋頂上的磚紅色蔓延開來，迷濛著暈成了一片，和大量穿插其間的綠色錯雜糅合，如在一張平鋪開的巨型畫布塗抹了兩筆濃重的水墨色彩——象徵著生命、熱情與活力的色彩。又如熱烈、奔放的玫瑰花，在綠葉的掩映間歡歌起舞，宣洩沸騰，成就了名副其實的鮮花之城。

　　鮮花簇擁的城市，美則美矣，是否具有靈魂？對於佛羅倫斯來說，這根本不是問題。深厚的文化底蘊浸潤下的城市從來都有自己獨特的精神世界和魅力。千百年前，文藝復興之花在這裡開遍，米開朗基羅、達文西、提香、拉斐爾……這些藝術大師都曾流連於佛羅倫斯。如今，他們的生平事跡和作品，佛羅倫斯人都能如數家珍，信手拈來。典藏大師遺作、藝術珍品的美術館、藝術館，如絢爛之花開遍全城，異彩紛呈，散發著永恆、悠久的動人芳香，這致命的誘惑，你能抵擋嗎？

✤黃昏中的佛羅倫斯流露出無比嫵媚的神色，令人動容。

搜索地標：歐洲南部地中海沿岸

Monaco

摩納哥

藍色奢華國度

摩納哥深得法國風情的薰染，亦是浪漫得一塌糊塗。湛藍的天空，碧藍的海水，摩納哥大公國在這片遠離塵世的清新土地上，演繹著極致奢華與極致純淨的精彩生活。

摩納哥，這個領土面積僅大於「梵蒂岡」的國中之國，瀕臨地中海，與法國本土犬牙交錯。摩納哥深得法國風情的薰染，亦是浪漫得一塌糊塗。湛藍的天空，碧藍的海水，摩納哥大公國在這片遠離塵世的清新土地上，演繹著極致奢華與極致純淨的精彩生活。

摩納哥矗立在懸崖之上，街道狹窄，石階蜿蜒。紅頂房舍分列兩旁，錯落有致，藍天下，煞是好看。海灣處別墅林林總總，極致的奢華令人歎為觀止。懸崖上的明珠熠熠生輝，生活在這裡一日，人生也許足矣。

已有140多年歷史的蒙地卡羅賭場可謂摩納哥奢華本質的最好詮釋。宮殿式的賭場建築富麗堂皇，彷若一處歌劇院，居然洋溢著濃郁的藝術氣息。衣著鮮麗的各國名貴在此出入，本來無法評說的事情倒因此多了幾許優雅。

每年5月份的F1賽事，摩納哥站給這個古老的國度帶來了快感與刺激，那時街道之上充斥著狂歡的快樂。依山而建的車道，曲折委婉，需要78次穿越狹窄街道才能完成比賽，F1賽事於摩納哥，摩納哥於F1賽事都為彼此錦上添花。

✹港口密密麻麻的私人遊艇與周圍四溢的奢華水乳交融。

摩納哥800年來一直固守傳統，王室影響無處不在。單單是古老的王宮就有訴說不盡的傳說與舊事：金碧輝煌的路易十五客廳、彩色細木鑲嵌的馬薩蘭客廳、聖馬力塔樓……與其他歐洲王室不同，摩納哥王宮多了一絲隨和。摩納哥王室除卻高貴的皇族血統，更有溫馨家族的味道。這正是格里馬爾迪家族的形象：「官方的正式和家庭的團結。」

摩納哥，俏皮不失高雅，奢華不落俗套，高貴不失親切，這個地中海懷抱中的藍色精靈，帶著它那歐洲固有的紳士氣質，告訴世界什麼才是生活。

Chapter4
精美特寫

搜索地標：英格蘭威爾特郡索爾茲伯里平原

*S*tonehenge

巨石陣

迷失於歷史的塵埃

幾十塊巍峨的環形巨石列陣而立，粗糙的石體冰冷而不規整。千萬年來，環形巨石兀然挺立，不知年月，不知日夜，唯有對天耳語。太多的東西在我們理解之外。

在歷史的名義下，任何事情都是允許的，不論沉思抑或遐想。置身於英國倫敦西南遼遠的索爾茲伯里平原之上，原始氣息包圍著你，幾十塊巍峨的環形巨石列陣而立，粗糙的石體冰冷而不規整。千萬年來，環形巨石兀然挺立，不知年月，不知日夜，唯有對天耳語。人在此，疑問重重，只有歷史的沉重。太多的東西在我們理解之外。

巨石陣在古代英語中為「高懸在天上的石頭」，神秘詭異。關於它，有太多的推測，不論外星人的指示物抑或王室墓地，無一得到證實。越來越多的猜想，更增添了巨石陣的神秘。而古老的德魯伊信徒堅信，巨石陣是世界上最重要的神殿，而它的存在就是為了喚醒深藏於我們精神內與大自然力量之間的某種聯繫。

學者孜孜不倦的探究著，他們認為巨石陣是英國史前遺址，英倫文明發祥於此。西元前3100年左右，巨石陣動工。

✽神秘的巨石陣給人類帶來無限想像的空間。

千年的時間不過堆砌了兩個圓圈、56個土壇。西元前2100～前1900年,巨石林立,石楣橫臥,基本成形。而後的500年時間,人們不厭其煩地排列著巨石的位置,尋找著新的意義。石柱重達數十噸,最高約6公尺,厚重的石楣將石柱彼此相連,宛若長廊,東部巨大的石拱門藏匿著未知祕密。夏至之日,太陽會在石拱門升向高空。石陣內5座門狀石塔,向心圓排列,圈起了無數的神祕。

　　以當時之人力物力,為何要費盡千年修造此陣呢?為了追尋太陽的腳步?為了祭奠先祖的英魂?還是因為某種宗教儀式?此事無解。當無從探究時,不得不去相信傳說。傳說索爾茲伯里平原上原本有一群善良的巨人愉快的生活著,歌舞昇平,悠然自得。一天,當他們再次牽手一起舞動時,不知何故,全體瞬間石化,成為了永恆的舞者。英國人一度很相信這一傳說,他們認為與其過度的挖掘巨石的來歷,不如退而保留它的光芒。

　　來來往往的人群,沒有打擾巨石陣的寧靜,凱爾特人離開,德魯伊信徒到來……周而復始,巨石陣交疊著歷史的沉重。巨石陣如果是迷失於歷史的塵埃,人類不過是歷史塵埃中匆忙的過客,也許我們創造了它們,但是歷史拋棄的是渺小的人類。

　　天人合一,與巨石陣的意義,只是和它為伴的藍天和千年的歲月。

搜索地標：希臘首都雅典衛城

*P*arthenon

帕德嫩神廟

燦爛陽光照耀的白晝

帕德嫩神廟，思維跳躍處是你不老的傳說，目光流轉處是你斑駁的身影，古希臘文明精華的浸潤，愈久愈醇。

雅典，這個海水與陽光塑造的古老城邦，島嶼上隨意一塊石頭都有上尋千年的故事。2500年歲月斑駁，幻化了風沙，卻無法消蝕帕德嫩神廟曾經極致的美麗。帕德嫩神廟，思維跳躍處是你不老的傳說，目光流轉處是你斑駁的身影，古希臘文明精華的浸潤，愈久愈醇。

帕德嫩神廟獨處雅典衛城一隅，是雅典衛城守護神雅典娜的神廟。相傳海神波賽頓和智慧女神雅典娜都為衛城的奢華所傾倒，爭相做雅典衛城的守護神。雅典子民請來宙斯裁定：誰能給予雅典人一樣有用的東西，誰就得到這座城邦。波賽頓手執三叉戟，喚來戰馬嘶鳴；雅典娜長矛輕揮，生出橄欖樹蒼翠繁茂。雅典人選擇了雅典娜，從此雅典滿眼橄欖枝，寓意和平安定。

雅典人對「高雅奢華」有著病態的崇尚，鼎盛時期修築的帕德嫩神廟就是極致的具體實現。神廟完全由潔白的石塊裝點而成，大氣磅礡，「輝煌中恬靜」，處處按照黃金分割比例建造。長70公尺，寬30公尺的空間裡，46根多立克列柱直聳雲霄，白色大理石柱身布滿凹槽，冰涼高貴，弧形柱頭幽美圓潤，「當微風吹過廊柱，就彷彿歡快的手指正彈奏一架豎琴」。中楣92塊連環浮雕美麗秀雅，筆筆生輝，那強勁的肌肉、飄揚的戰袍，悲歡離合的眼神，似乎靈魂在舞動。

帕德嫩神廟中雅典娜神像的被劫和失蹤一直令雅典人無法釋懷。據記載，雅典娜塑像身高約12公

❈帕德嫩神廟坐落在雅典衛城的山頂，是希臘古典時期最雄偉的建築經典。

尺，寶石鑲嵌的眼睛明亮閃爍；象牙雕刻的手臂柔和迷人；黃金鑄成的戰袍鎧甲華貴威嚴，可惜現在不知流落何處。

帕德嫩神廟就像希臘悲劇中的主角，在不可知的命運支配下歷經滄桑。幾次的洗劫和焚燬，廟頂坍塌，雕像蕩然無存，浮雕剝蝕嚴重，但是當你走近衛城，遙望山頂的帕德嫩神廟時，呼吸都無法繼續。拾階而上，震撼依然撲面而來，卻如恩格斯所言，帕德嫩神廟如「燦爛陽光照耀的白晝」。儘管2500年的奢華如今只餘斷壁殘垣亂石嶙峋，單單那幾根殘存的大理石列柱擎天而立，簡約線條彰顯了不凡的氣質，往昔盛況依稀可辨。因為懂得所以慈悲，站在平靜的天空下撫摸斑駁的石柱，湛藍的愛琴海無邊無際，一些耿耿於懷的往事就在此刻淡去，這是神的感召。

智慧女神雅典娜一定會永遠庇護雅典，庇護帕德嫩神廟。

✳帕德嫩神廟優美的多立克列柱，冰冷而高貴。

✳帕德嫩神廟在整棟建築上都遵守比例和幾何上精緻嚴謹的原則。

搜索地標：義大利羅馬市中心

Colosseum

羅馬競技場

羅馬千年的迴響

每 個民族在靈魂深處都有自己的價值標準。對於羅馬人來說，羅馬競技場有著無上的地位，
一個王朝的鼎盛，一段歷史的沉寂，一段歲月的迴響，一座古跡的荒蕪。

❀作為古羅馬文明的象徵，
羅馬競技場以其宏偉和獨特
的造型聞名於世。

曾 有箴言說：「但使競技場巍然立於世，羅馬亦將如是。
若有一日，競技場轟然傾頹，豈但羅馬——這世界亦復
如是。」羅馬競技場已然是羅馬的象徵。想當年羅馬帝國，

橫跨三大洲，雄霸天下，而如今只有羅馬競技場荒煙蔓草，兩千多年風霜洗禮，高聳的圍牆只餘斷壁殘垣，醇化著歷史的意蘊。

這是一位遲暮的英雄，在歷史的起起落落間，它承載了時境的變遷。久遠的過去，這裡每日血雨腥風，無數的奴隸、戰俘被迫自相殘殺或者與獸搏鬥，而這一切不過是為了給坐壁上觀的征服者原始而又野蠻的快感。從西元80～523年，死亡無時不在，甚至曾經有5000頭猛獸與3000名奴隸戰俘同時在場上「角鬥」，廝殺持續了100天。無怪乎有人說，只要你在角鬥台上隨意抓起一把泥土，輕輕一捏，掌間就會留下斑斑血跡。「感謝上帝，它成了廢墟」，駐足在競技場空曠之地，四周風聲獵獵，任誰的心情都只有沉重。

❋血雨腥風的競技場偶爾也流露出浪漫氣息。

時空的光影中，羅馬競技場有些破敗但仍不失雄偉壯觀的氣勢。空中俯瞰，只剩下大半個骨架的羅馬競技場螺旋而上，充滿了強勁的生命力。它的建築設計並不落後於現代的美學觀點，直到今天，任何一個現代化體育場都或多或少的沿襲著它的風格。羅馬競技場曲拱起伏，外部圍牆高達57公尺，全由大理石堆砌而成。四層結構設計完美和諧，每層80個圓拱都由優雅的羅馬柱支撐，使觀眾在雄偉的建築中不會感到空曠，直接而具體。二三層的拱門洞內立有人物雕像，栩栩如生，使競技場凝重又不失空靈，雖已斑駁，更有味道。它同時可容納5萬名觀眾，而80個出入口保證了出入暢通。科學性和藝術性完美地融合在一起，狄更斯曾這樣讚譽羅馬競技場：「這是人們可以想像的最具震撼力的、最莊嚴的、最隆重的、最恢宏的、最崇高的形象……」羅馬競技場，見證了歷史的榮耀與野蠻。

❋在時空的轉換中，競技場早已傷痕纍纍，它無言地傾訴著久遠的故事。

每個民族在靈魂深處都有自己的價值標準。對於羅馬人來說，羅馬競技場有著無上的地位，一個王朝的鼎盛，一段歷史的沉寂，一段歲月的迴響，一座古跡的荒蕪。羅馬競技場，你內心會畏懼觸摸它的冰涼，它，只能用來遙望。

Hadrian's Wall

哈德良長城

‧羅馬帝國曾經的榮耀

哈德良長城逶迤於泰恩河北岸的高地，長達128公里，橫貫大不列顛島，完全由石頭和泥土建成，4.5公尺高，用料75萬立方公尺，對於實力雄厚的羅馬帝國來說，也是一個驚人的工程。

❉ 城牆會隨著時間的流逝而破損，但不變的是它高傲的尊嚴和偉大的貢獻。

❉ 逶迤陡峭的防禦城牆，成為這裡最吸引人的景觀。

提到羅馬帝國，總會想到刀光劍影，這個曾經不可一世的王國其實也曾保守的防護自己的邊境。西元122年，羅馬皇帝哈德良下令修築一道屏障，在英國泰恩河谷，抵禦「蠻荒之地」的異邦人（凱爾特人）。此時的羅馬帝國雄跨三大洲，偏在這裡無法向前推進，拉鋸戰持續數十年。這道屏障後命名為哈德良長城。

哈德良長城逶迤於泰恩河北岸的高地，長達128公里，橫貫大不列顛島，完全由石頭和泥土建成，4.5公尺高，用料75萬立方公尺，對於實力雄厚的羅馬帝國來說，也是一個驚人的工程。長城每隔不遠建有塔樓和城堡，駐軍守衛。

哈德良長城並沒能阻止野蠻人的進攻，但是帶給這片土地繁榮興盛，長城兩側出現了小城鎮，兩邊居民通過長城進行交易。西羅馬帝國滅亡，哈德良長城不再有任何意義。

千年的風雨，哈德良長城已經破敗不堪，古老的城牆依稀有些羅馬帝國曾經的榮耀，只是歲月無情，只能緬懷。

搜索地標：義大利首都羅馬市中心

Pantheon

萬神殿

羅馬的驕傲

萬神殿，兩千年的風雨滄桑並沒有改變它的容顏，構造不過是簡單的幾何關係，卻處處蘊含「天人合一」的理念。

萬神殿，被米開朗基羅稱讚為「天使的設計」，以它那完美的圓屋頂征服了世界，也征服了曾經不可一世的羅馬天主教。萬神殿，顧名思義，就是供奉羅馬所有神靈的廟宇，耗時百年修建而成。在那個唯天主教是尊的黑色年代，羅馬排斥一切異教，或焚燬或改造，獨獨萬神殿完整的保留了下來，成為羅馬時代建築藝術最好的見證，可能是羅馬眾神冥冥之中的保佑吧。

萬神殿，兩千年的風雨滄桑並沒有改變它的容顏，構造不過是簡單的幾何關係，卻處處蘊含「天人合一」的理念。漂亮的圓頂沒有任何的支撐，就像浩瀚的宇宙，虛無飄渺卻又那麼踏實。陽光從穹頂洞口進入，就像眾神普降人間的神光，殿堂內肅穆寧靜，讓人心生敬畏之情。立於其中，內心不敢存一絲邪念。

眾神，只在萬神殿相聚。

❋繁華褪盡，萬神殿氣勢猶存。義大利的驕傲——拉斐爾長眠於此，一些王室成員也在此安葬。這是至高無上的榮耀。

搜索地標：義大利托斯卡尼大區比薩城北面的奇蹟廣場

Leaning Tower of Pisa

比薩斜塔

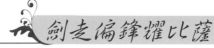
劍走偏鋒耀比薩

可能一切都太中規中矩了，於是在那個顛覆的年代，白色的鐘塔偏離了自己的軌道，猶如一
根玉柱斜插在半空之中，演繹了詭譎離奇的別樣風情。

❋ 比薩城的象徵，演繹了近
千年的不倒傳奇。

—— 道月牙形的河灣劃過義大利比薩，這個小城因比薩斜塔
聞名於世。比薩小城濃郁的文藝復興風情處處可見，建
築古樸而秀巧。可能一切都太中規中矩了，於是在那個顛覆
的年代，白色的鐘塔偏離了自己的軌道，猶如一根玉柱斜插
在半空之中，演繹了詭譎離奇的別樣風情。

1174年，比薩王國為了耀武揚威決定修造一座白色的鐘
塔，由著名的建築師博納諾·皮薩諾設計。動工五六年後，塔
身已經開始傾斜，只好停工作罷。94年之後，比薩人請來迪·
西蒙內，測量發現此塔雖然傾斜但無倒塌之憂，於是繼續修
建，並試圖通過加高每層的柱子來扶正鐘塔。直到1350年鐘
塔才完全建成，歷時176年。比薩地層
由淤泥沖積而成，鬆軟無力，所以
塔身依然固執的以每年1.25毫米的
速度向南傾斜，斜塔建成之時，
塔頂中心點已偏
離垂直中心線2.1
公尺，現在已經
偏離中軸線達5.3
公尺。世事難
料，這個垂垂欲
倒的鐘塔聚焦了
全世界的目光，
每天10餘萬人不
遠萬里只為一睹
它的傾斜容顏。

有人說比薩斜塔斜立在古代太陽的照射下，高聳於現代天空的寂寞中。其實不然，比薩斜塔是美麗的，周遭以圓形立柱環繞，通體由白色大理石砌成，將拜占庭建築的高貴和阿拉伯建築的浪漫融為一體。碧空之中白色塔體尤其耀眼，仰視塔頂彷彿看到了聖潔的光暈，也彷彿穿過時空聽到了鐵球墜落的聲響。1590年伽利略登上塔頂將兩個不同重量的鐵球同時扔下，隨著兩個鐵球同時墜地，擊中了先賢亞里斯多德的力學理論，在那個禁錮的年代，這絕對是驚人之舉，自此比薩斜塔更是聲名遠揚。

義大利當局一直試圖拯救斜塔，只是多種方法都未奏效。但是最關心比薩斜塔命運的比薩人對此不以為然，認為這是多此一舉，他們堅信「比薩斜塔像比薩人一樣健壯結實，永遠不會倒下」。1972年10月比薩地震，眾多建築物化為灰燼，搖搖欲墜的比薩斜塔依然斜插碧空巍然聳立。

600多年歲月，比薩斜塔斜而不倒，冥冥之中，彷彿有神力保護著比薩斜塔。它會有轟然倒塌的那一天嗎？只是，它已經不只是一座鐘塔。

❋ 斜塔與一旁的大教堂相得益彰，其獨立的設計成為獨特的比薩風格。

搜索地標：梵蒂岡

St. Peter's Cathedral

聖彼得大教堂

 滌蕩心靈

世 間萬物，最易流失的是時間。所有的事物在時間的流逝中，都會消磨殆盡。聖彼得大教堂歷經世間的滄桑變化，竟能耗時百年，吐故納新，兼容並包，歲月沉澱之後，更顯尊榮，不得不說是建築史上的一個奇蹟。老驥伏櫪，志在千里。大教堂生存年代久遠卻依舊精神煥發，魅力獨具。經歷了世事變幻和歲月磨礪，大浪淘沙始落金。

❋聖彼得大教堂的高大穹頂，
在夜幕中顯得雄偉異常。

去 過很多地方，參觀過無數座教堂，建在聖徒陵墓上並以其名字命名的教堂卻是第一次聽說。懷揣著滿腹的問號，我們來到了梵蒂岡的聖彼得大教堂。

波瀾壯闊的文藝復興運動過後，如退潮後沙灘上殘餘的貝殼，也留下了無數影響至深的痕跡。聖彼得大教堂是文藝復興運動對羅馬的饋贈。作為基督教世界中最大的教堂和天主教信仰的中心，它每年接待了數以萬計的遊客，成為彈丸小國——梵蒂岡的遊覽中心。

除了以聖徒的陵墓作為基礎，它還有一個與眾不同的特點，就是如今的樣貌是經多年重建的。重建一幢建築，需要多長時間？一年、五年、十年抑或更多？當我們知道答案時，感覺到那似乎是一個天方夜譚的傳說。義大利最優秀的建築師都聚集於此，布拉曼特、米開朗基羅、德拉·波爾塔、卡洛·馬泰爾，一個個閃亮的名字都是點綴在教堂建築史上的璀璨之光。展開了一場曠日持久的攻堅戰，用忙碌充實了120年的曲折時光，直至1626年建成開門迎客。它為一場場宗教儀式準備了合適的場所，披上了隆重的盛裝。

聖彼得大教堂呈長方形，十字架結構，更能貼合對耶穌受難的深切同情和敬佩。教堂外部的繁複裝飾都令人驚歎，可以說是宗

教藝術的集大成者。因為建造的年代歷時久遠，建築物本身採用了各個時期不同的藝術風格，羅馬式、古希臘式、哥德式等都可以若隱若現地窺見其貌。多種建築風格混雜卻不顯凌亂，使整幢建築物都配合得天衣無縫，渾然一體，感覺源自天成，帶給人一種氣勢逼人的美感。而教堂內部的裝飾華麗豐富，豐富到令人屏住呼吸，大氣都不敢出。

　　想進入世界上最大的教堂的內部，必須要遵循一些特定的方法，否則會迷失方向，無功而返。大殿下面對5扇門的選擇就是一個令人頭疼的問題，導遊告訴我們，必須從中門進入。而若想換門進入，則需要等待25年的時光，25年後的聖誕之夜，才可跟在打開聖門的教皇身後緩緩進入，意義不同凡響，意為走入天堂。進入能容納幾萬人的聖彼得大教堂內部，屋頂和四壁都雕飾有以《聖經》為主要內容的繪畫，漫步在教堂內部光滑的大理石地面上，穿行於透過彩窗射進的

❋從窗口灑落的光如天堂般聖潔，滌蕩著來敬仰的人們的心靈。

🔹在雄偉的聖彼得大教堂廣場中間，有一塊方尖碑，顯示了這座羅馬教堂的光輝和尊嚴。

溫暖陽光中，目接四周環伺的《聖經》繪畫，如若走進了三D立體的聖經故事中，被顯耀的光環包圍，聖潔、肅穆的氣氛深深感染了每個人。人說魅力源自內心，此言不虛，不止人，物也如此。倘若不是走進教堂深處，不會體味到如此美妙的神聖氣息，經受一次身心的洗禮。

除了擁有繪畫，教堂內還存有很多傑作，不啻為一個藝術的寶庫。引人注目的作品周圍，總有團團人潮圍得水洩不通，大家都爭相近距離目睹這些大師的傑作。米開朗基羅所塑造的聖母懷抱著死去的兒子的圖像，她眼神中所流露出的悲傷，令看者動容。凝望著聖母的塑像，如同看到了天下所有平凡母親深情、慈祥的面龐。站在貝尼尼設計的青銅華蓋和聖彼得寶座附近，不由得睜大了雙眼，流露出驚歎的神

色。倒不是珍貴的青銅和華蓋迷亂了目光，令人稱奇的是青銅立柱那5層樓房的高度及華蓋上永恆閃亮著的99盞長明燈。華蓋下方的宗教祭壇和聖彼得的墳墓是教堂的聖地，青銅材質的聖彼得寶座彰顯了它獨一無二的尊崇地位。

抬頭仰望教堂正中的大拱形屋頂，「天似穹廬」的感覺不言而喻，大廳內的一切都顯得渺小而近乎玩具。說起這個圓頂的最終落成，也頗有一段曲折的歷程。由最初敲定到改為教堂裝飾中最常見的玫瑰花窗，再到藝術大師米開朗基羅的一錘定音，走過了百年的波折。內壁上鑲嵌的米開朗基羅、拉斐爾等人的著名畫作，美妙絕倫，形態逼真，彷彿活生生地矗立在眼前。宗教賦予藝術家靈感，才能有如此美麗的壁畫傳世。這些以《聖經》為題材的繪畫，豐富了宗教宣傳教化的內涵。圓頂不僅對於這個教堂，對於整個羅馬都具有制高點的意義。如果乘坐電梯直登教堂的頂部，羅馬城的景色盡收眼底，在這裡可以看花開花落，風起雲湧；

❉ 大教堂生存年代久遠卻依舊精神煥發，魅力獨具。

能欣賞旭日東昇，夕陽落幕；還有四季更替，柳綠花紅，世俗的一切，都能看得很清楚。

穿過濃濃的宗教迷霧，走出了教堂，左側一隊士兵列隊站立，滿臉的肅穆剛正，最令人著迷的是他們身穿的精緻制服，據說是由米開朗基羅所設計，為保存大藝術家的心血才華，歷經了500年而不改最初的樣式。羅馬人對於文化遺產的細心保護和留存，令人感動。

世間萬物，最易流失的是時間。所有的事物在時間的流逝中，都會消磨殆盡。聖彼得大教堂歷經世間的滄桑變化，竟能耗時百年，吐故納新，在歲月沉澱之後，更顯尊榮，不得不說是建築史上的一個奇蹟。經歷了世事變幻和歲月磨礪，大浪淘沙始落金。

搜索地標：法國巴黎西堤島東南端

Notre Dame de Paris

巴黎聖母院
歷史和愛情

從 《鐘樓怪人》中看到的不止是一個愛情故事的範本，還收羅了法國社會豐富的風俗民情，記錄了社會變革和階層互動的激烈鬥爭。閱讀這本小說，你會感受到那風雲迭起的歷史畫卷，藉由此加深對法國歷史的認知和感受……

美 麗與醜陋，善良與卑鄙，人心的險惡、世間百態，紛紛在巴黎聖母院這個大舞台上登台、表演、謝幕，營造了浪漫淒美的舞台效果，演繹出了無比精彩的劇情。

座落於西堤島上的這座哥德式風格的教堂，已沐浴了近900年的風風雨雨。經由大作家雨果的精心渲染，它如今已不是一個單純的建築物，而成為了法國文學史中的一個標記和

✵遊客們來到這裡，一心尋找美麗的姑娘和醜陋的敲鐘人，反而忘記了他們身處一個莊嚴肅穆的教堂中。

符號。提到巴黎聖母院，首先浮現於腦海的必是一位吉卜賽女郎翩翩起舞的歡快舞姿和一位醜陋駝背的人敲鐘的躑躅身影。激昂的音樂聲和悠揚的鐘聲交錯共鳴，讓人回想起了那淒美的愛情故事。

若不是因為你，我不會來到這裡。為了實現尋找書中人的夢想，眾多遊客慕名而來，絡繹不絕。儘管明明知道那只是一個遙不可及的夢，還是義無反顧地到來，瞻仰、研究這座心中呼喚了千百遍的殿堂。

起源於法國的哥德式建築風格在巴黎聖母院身上得到了最完美的展示。教堂頂部尖端高聳的塔身直插天際。正面的構造嚴謹莊嚴，修長的立柱縱向將其分割為三部分，3條裝飾帶橫向交叉，如經緯線編織了一張精彩的網頁，隨便點擊那個部位，都能發現其與眾不同的魅力。最下面的一層是3個內凹的門洞，供遊人出入，門上尖角狀的雕工層層累積，如三D立體圖形，仔細凝視就能發現背後隱藏的圖畫；門洞上方是著名的「國王廊」，歷代國王的肖像並列一排，象徵王權、教權的和諧共存；「國王廊」之上的部分，堪稱聖母院的特色景觀和主體部分，兩個門洞狀的中櫺窗子守衛著一個玫瑰花形的大圓窗戶。走進聖母院的大廳，和外觀繁複的風貌迥異，教堂內部非常樸素，幾乎沒有什麼裝飾物，只有白燭發出柔和的光芒，恰與宗教肅穆的氣氛相吻合。

可容納9000人的大廳中央的講台後方，矗立著3座雕像，兩位國王均不約而同地注視著神情哀傷的聖母，眼中滿是悲憫。登上聖母院的二樓，舉目望去，就會在教堂內單純的色彩中發現了一抹亮色。那是世所聞名的玫瑰玻璃窗，色彩斑斕、閃亮繽紛，彩色的玻璃在陽光的照射下閃現出靈動、多樣的光彩，似花非花，似虹非虹，在空中搖曳閃爍著。不要小看了這些玻璃，因為在每個玻璃窗上都刻畫了一個個傳奇的聖經故事，神職人員借以傳經布道，影響世人。再向上行進到達三樓，這裡是聖母院的頂層，也是雨果筆下的鐘樓，由此可以眺望巴黎如詩如畫的特色風光，捕獲塞納

✽ 無論從哪個角度看巴黎聖母院都是那麼地莊嚴和聖潔。

✽ 巴黎聖母院是世界上著名的天主教堂，被視為法國最偉大的藝術傑作之一。

河上的多姿剪影，在河上游弋的船艇，滿載了人們的期冀，開始了一段段精彩之旅。對於如此美景，小說中的敲鐘人或許並不以為然，而是經常站在美麗的窗子背後默默地注視著他心愛的姑娘，那是世間獨一無二的視覺享受。

每逢重大的節日或慶典活動，聖母院總會飄出悠揚的管風琴聲，時而空靈，時而悲壯，令聽者動容，心中不由生出聖潔的情感，天下一家，永享太平；或是悲愴凝重，只差分毫便悲從中來，淚流滿面。情緒的波動並不是問題，帶來的只是內心越發的平靜異常。不知是教堂的神聖增強了音樂的感染力，還是音樂的魅力平息了教堂內外躁動的靈魂，彷彿時間凝滯，天地通合，我們都深陷於純粹的真空世界，那裡沒有煩擾憂愁，沒有喧囂浮躁，彷彿天降甘霖，潺潺的流水滋潤了乾涸的土地；美妙的樂音飛進你的心田，輕柔地撥動了你身體深處的心弦。

從古人打磨石質工具開始，石頭——這個自然界中最常見的材料就被人類無數次揣摩、雕刻、塑造，屢屢演繹出不同凡響的精彩。像巴黎聖母院這樣巨大的石質建築物被譽為「石頭交響樂」卻是第一次聽說。在堅硬的材質上刻畫出柔美的形象和栩栩如生的圖形肖像，不止是單純的雕刻藝術那樣簡單，還糅合了宗教、美術、歷史等多學科領域的綜合知

✢ 夜幕下的巴黎聖母院閃耀著浪漫而又華美的光茫。

識，倘若沒有學識淵博的總指揮籌劃設計，後人很難欣賞到
這視覺的盛宴。

　　巴黎聖母院開創了哥德式風格的新領域，正是為了扭轉
石質建築厚重、笨拙的下墜感，整座建築中的屋頂、塔樓等
頂端都採用了尖塔的樣式，弧形的拱頂輕巧別緻，空間飽
滿，營造了一種凌空、輕盈的飛昇感，使修長的建築形體看
上去亭亭玉立，卓然不凡。建築物高低錯落，參差不齊，看
上去俏皮而不失莊嚴，如童話中的古堡充滿了神秘和奇幻色
彩。和對以往龐然大物建築的感覺不同，站在它面前，那凌
空而動的風姿飄逸而輕巧，如同月宮裡的仙子，稍不留意就
會飄然而去。

　　《鐘樓怪人》不止是一個愛情故事的範本，還收羅了法
國社會豐富的風俗民情，記錄了社會變革和階層互動的激烈
鬥爭。閱讀這本小說，你會感受到那風雲迭起的歷史畫卷，
藉由此加深對法國歷史的認知和感受；而對於初到法國的
人，不參觀巴黎聖母院，就不能算真正地到過法國，因為巴
黎聖母院寄託了法國人的骨子裡的浪漫情懷，說是法國人的
靈魂都絲毫不為過。對於小說中到處瀰漫的浪漫氣息，每一
個親臨巴黎聖母院的人都會感同身受。為了那心中的夢想，
我們還會再次來到巴黎聖母院。

❀如果說中國的古建築物勝在
精雕細刻、玲瓏精巧，那麼哥
德式風格的建築則如同華彩樂
章，氣勢恢宏。

搜索地標：西班牙東北部巴塞隆納

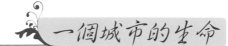

Sagrada Familia

聖家堂

一個城市的生命

有人將聖家堂比作建築史上的斷臂維納斯，三個世紀的堅持，聖家堂已經不再是一座建築，更是一種精神；優秀的建築師只是將名字刻在建築之上，而高第卻將他的精神鐫刻在了整個大地之上：對傳統的堅持、對信仰的忠誠、對變革的從容還有對巴塞隆納的熱愛。

狂歡之城巴塞隆納是一個令人相信奇蹟的地方，地中海蔚藍的海水與明媚的陽光給予它舞動的靈魂，巴塞隆納肆無忌憚的張揚著自己的個性與魅力。

　　有人說聖家堂是巴塞隆納的象徵，此言不虛。無論你在巴塞隆納哪個角落，聖家堂都鋪面而來。高聳的尖塔、看似凌亂的布局、鬼魅的裝飾、陽光下冷色的石頭……第一眼你就無法再忘記它，以至於它總會回到你的夢裡，與你再次約會。

✳ 天際線上那座孤傲的建築無畏無懼地衝向蒼穹，它就是聖家堂，巴塞隆納靈魂的註解。

　　沒有人否認聖家堂的獨一無二，猶如
熱帶雨林般繁密的尖頂承載著西班牙的浮
華舊夢，170公尺高的塔身上五顏六色的
馬賽克透著靈動的氣息，螺旋形的樓梯扭
曲向上，琳琅滿目的雕像彷若從牆上生長
出來一般，精靈般栩栩如生。如此龐大的
建築竟然顯得十分輕巧，沒有鋼筋水泥冰
冷石塊的壓抑，就像孩童隨手在沙灘上堆
砌的沙雕城堡。只是原石堆砌的教堂只用
斜柱支撐，危如累卵又傲然挺立，過於詭
異的裝飾令人多少有些畏懼，以至於巴塞
隆納民眾戲謔的稱聖家堂為「石頭構築的
夢魘」。

　　聖家堂已經超越了一般意義的建築，
因為它凝聚了一個天才建築師一生的夢想
與心血，儘管他並沒有參加聖家堂的開工
儀式，也永遠不可能參加聖家堂的竣工儀
式。高第，這個天才與瘋子之間的建築
師，淋漓盡致地表現著巴塞隆納獨特的城
市氣質，在光榮與夢想中，巴塞隆納也被
稱為「高第的城市」，當你領悟了高第，
你就讀懂了巴塞隆納；當你讀懂了巴塞隆
納，你就讀懂了高第。

　　高第清楚，鑄造一個城市的生命是需
要時間的。所以1883年當他接手聖家堂時，他為巴塞隆納編
製了一個充滿雄心的夢想，不需要設計規劃和草圖，只有一
個完整的模型就足夠了。高第窮盡43年心力，恣意揮灑著自
己的創意。當有人質疑何時才能完工時，高第曾經笑著說：
「我的顧客並不急。」因為聖家堂供奉聖父、聖母以及聖子
的，永生的神並不急於一時。聖家堂彷若有生命一般，讓人
相信神就此居住。1926年高第離世，而他的追隨者依然繼續
著他的信仰。到今天，聖家堂已歷經5代建築師，如果一切保
障有序的話，它至少還要50年方能竣工。

　　有人將聖家堂比作建築史上的斷臂維納斯，3個世紀的堅
持，聖家堂已經不再是一座建築，更是一種精神；優秀的建
築師只是將名字刻在建築之上，而高第卻將他的精神鐫刻在
了整個大地之上：對傳統的堅持、對信仰的忠誠、對變革的
從容還有對巴塞隆納的熱愛。

❋教堂的設計中運用了自然
形態的組織紋理，融入了建築
師完美而又浪漫的夢想。高第
把自己對建築、對上帝的理解
忠實地具體實現在這座教堂的
設計中。

❋教堂本身就是一座充滿幻想意味的超現實主義藝術巨作。

　　群峰聳立般的聖家堂，稜角鮮明，凸現的宗教特徵提醒著世人的聖家堂是奉獻給上帝的「禮物」。3個立面各有設計理念，耶穌誕生、普降福音、基督受難。每個立面有4座尖塔，12座尖塔象徵著耶穌基督的12位門徒；4座雄偉的鐘樓獻給4位《福音書》的作者。兩個巨大的蒼穹般圓形拱頂，獻給聖母和聖子。禮拜堂間甬道相連，天與地、神與子民交匯於此。高第在此詮釋著整個基督教世界，無論教義或者思想。

　　在高第的世界裡，呆板的直線屬於人類，而曲線屬於上帝，因為那是自然的真實。於是聖家堂看不到直線和平面，而以波浪、螺旋、雙曲線、錐形、拋物線變幻出無窮組合，些許動感、些許魅惑。高第不喜歡發明，認為那是徒勞的，自然的才是最好的，於是教堂爬滿了自然的生靈。花草植物、綿延山脈、詭秘的洞穴，就像一首石頭間的詩歌，吟唱自然的宏大與流長；各種怪獸如蜥蜴、蛇和蠑螈盤踞在牆體之上，講述著萬物平等皆有生靈。聖家堂內沒有設計照明設備，高第巧妙地將陽光聚於殿堂之內，星星點點的小洞內彙集了明媚的陽光，這是來自天堂的聖潔之光。

　　對於真實的極致追求，高第費盡心思，不惜拿實體來做石膏模具。為了成功塑造一個送信天使，他可憐的助手渾身塗抹石膏，以致因窒息和疲勞而當場昏厥。為了表現猶太國王屠殺千百嬰兒的殘暴形象，他甚至找來死嬰製成石膏模型，垂於天花板之上。現在走近聖家堂，有著令人窒息的真實感，一種對於生靈的畏懼和自然的敬仰之情油然而生，想必這就是高第所追求的。

　　基督誕生與受難兩個立面已基本完工，教堂內眾多石柱彷若原始莽林，20多公尺高柱體頂端分裂開來就像碩大的樹枝支撐著頂部。陽光打向石柱，四散開來，天花板斑斑點點，明亮質感，就像印象派的油畫。登頂而望，巴塞隆納匯聚眼中，地中海安靜地伸向遠方。周圍尖塔形狀錯綜複雜，有的像拜祭上天的彩色果籃，有的線條簡單有力……組合在一起卻又那麼和睦，完美精巧，每個塔頂都有一個球形花冠的十字架，儘管它還未完全建成，已經令人感到鬼斧神工也未必有此功力。

　　聖家堂秉承贖罪的理念，一切資金都來自私人捐助，高第晚年因為時局等原因，工程陷入困境。為了完成理想，年邁的高第曾挨家乞討募捐。如今，聖家堂工程資金依然只取自門票和捐助資金。將宗教精神貫穿始終，不論困境或順境，這也是聖家堂300年延續的主要原因吧。

　　鷹架林立，繼續著高第偉大的設計。我們無法想像完工時聖家堂的偉大，我們只有等待，只有祈禱。鴿子飛過，教堂頂部耶穌微笑著，彷彿在講述著什麼，是這百年的滄桑？抑或不變的守候？巴塞隆納的信念堅持已過300年，依然還在空中飛翔。

🌸 精美絕倫的藝術傑作布滿了教堂的每個地方。教堂巧妙地將陽光聚集於殿堂之內，猶如來自天堂的聖潔之光。

搜索地標：德國科隆市中心

*C*ologne *Cathedral*

科隆大教堂 聆聽上帝的福音

千年的坎坷，幾十代人的堅持，科隆大教堂所蘊含的沉重文化積澱絕非其他教堂可比，與天耳語，高達157公尺的科隆大教堂無疑是與上帝最接近的地方。

❀科隆大教堂的兩座尖塔直刺天空，作為世界上最高的教堂之一，如今已成為科隆的象徵。

科隆大教堂是科隆的標誌，古老的教堂，古老的城市，書寫著德國對上帝的虔誠。科隆大教堂輕盈雅致的輪廓完美地呈現了哥德式建築的高貴與典雅，16萬噸磨光大理石堆砌的天衣無縫，渾然一體；如石筍般林立的塔樓玲瓏剔透，凌空升騰，這是靈魂升天之路。教堂內外雕飾巧奪天工，每一根石柱、每一尊雕像、每一塊色彩鮮艷的玻璃都有故事可循，它們宛若一氣呵成。尤其那一萬平方公尺的彩色玻璃，零零碎碎的鑲嵌出聖經故事，巧妙多采，陽光下異常奪目。精緻的拱廊式屋頂氣勢森然，穩穩當當地撐起了上帝的榮光。當鐘樓上5座響鐘迴盪在萊因河畔時，萊因河水色都為之動容。

科隆大教堂最珍貴的寶器是供奉三王遺骸的金神龕，這是12世紀末著名金匠尼古拉·馮·凡爾登集畢生精力完成的，金色光暈聖潔明亮，正面雕刻三王朝聖圖，刻工絲絲入扣，筆筆滲透著作者的虔誠。神龕前總有一排排信徒默默祈禱，他們相信上帝就在不遠處，相信離上帝最近之地一定能聆聽到上帝的福音。

科隆大教堂最美在夜色下，周遭的聚光燈把一道道青藍色的光一起射向教堂，教堂瑩光點點，彷彿太空中的藍色星球，絢麗又神秘，恍惚間會認為，此刻上帝就在科隆大教堂內。藍色光暈下嫵媚的尖拱窗層層疊疊飄向雲霄，科隆大教堂冷峻清奇，充滿著力量。

有人說，科隆大教堂具體實現了歐洲基督教的力量和耐力，它的誕生歷時632年，期間因宗教改革原因停工近600年。如若不是基督徒的堅持——他們要建造一座人間天堂祈求上帝賜福；如若不是德國國力的強大，想必科隆大教堂早

已灰飛煙滅。二戰的砲火也拜倒在了科隆大教堂腳下，點點砲坑，更證明了它的魅力。千年的坎坷，幾十代人的堅持，科隆大教堂所蘊含的沉重文化積澱絕非其他教堂可比，與天耳語，高達157公尺的科隆大教堂無疑是與上帝最接近的地方。

體驗科隆大教堂，只需靜靜地坐在萊因河邊，遙望靜穆的科隆大教堂，在靜止的空氣裡呼吸它既古老又朝氣蓬勃的味道。

搜索地標：義大利佛羅倫斯

Florence Cathedral

佛羅倫斯大教堂

・文化燈塔上的明珠

佛羅倫斯大教堂又被稱為「聖母百花大教堂」，喻示佛羅倫斯的百合花。當初夏娃無奈離開伊甸園時飄飛的眼淚化為了白色的百合，成為童貞和純潔的象徵，也成為聖母的化身。

❋佛羅倫斯大教堂猶如盛開的天國之花，照耀著人們的心靈。

佛羅倫斯，浪漫的名字有著不尋常的歷史，西歐千年歲月中，它彷若一座文化燈塔，指引著文明的進程。它是藝術之都，是心靈流浪的家園，是作家亨利·詹姆斯筆下的「精緻之城」。而它懷中的佛羅倫斯大教堂便是它靈魂最好的詮釋。

13世紀時的佛羅倫斯自由而民主，「……把它塑造的無愧於這顆結合了萬眾一心的公民精神而顯得極其偉大的心靈……」基於此，聚合宗教與政治意義的大教堂拔地而起。建成之後的170年間，大教堂一直是世界上最大的建築。而今它依然是世界上最大的宗教性建築物之一。無論你在佛羅倫斯哪個角落，都能遙遙看到大教堂漂亮的圓頂，它儼然已經成

為佛羅倫斯城的標誌。

　　佛羅倫斯大教堂又被稱為「聖母百花大教堂」，喻示佛羅倫斯的百合花。當初夏娃無奈離開伊甸園時飄飛的眼淚化為了白色的百合，成為童貞和純潔的象徵，也成為聖母的化身。

　　大教堂的設計突破了教會的禁制，雖然主體還是拉丁十字式。大教堂圓潤的穹頂就像一把撐開的巨傘傳遞著上帝的福音。有人笑言，這個穹頂像四郊的山峰一樣高，老天爺看了嫉妒，一次次用雷鳴電閃轟擊它，但它仍然屹立無恙。外圍各個祭壇多為半穹頂，眾星捧月。夕陽西下，光環中的穹頂七彩霞衣，彷若與天耳語。周遭靜謐，浮躁的心慢慢澄淨，前塵往事也許都是庸人自擾。

　　教堂牆面黑、綠、粉三色條紋大理石相間，精美的紋飾，耀眼的馬賽克，雕刻的石窗，倒有些文藝復興奢華之感。教堂南面延續了義大利傳統，白、綠、紅三色，有著地中海陽光般的純淨。

　　教堂側面的大鐘樓，各色大理石相映成輝，既沉靜又華麗；登頂攬雲，佛羅倫斯美輪美奐，濃濃的藝術氣息灑落在大街小巷中。八角形的洗禮堂青銅大門雕刻著著名的「天堂之門」，《舊約全書》十個清晰的畫面呈現在眼前，也許你不懂宗教，但是這並不妨礙你理解天主教誕生與成長的歷史。

✤高聳的鐘樓是佛羅倫斯大教堂最好的夥伴。

　　有人說佛羅倫斯的浪漫來源於一個偉大時代留給今天的獨特標本，大教堂內琳琅的文藝復興壁畫與雕塑便是例證。但丁畫像與米開朗基羅的雕塑成為眾多畫家模仿學習的對象，從這裡走出了一個時代的歷史巨人。

　　佛羅倫斯大教堂，猶如新時代的第一朵報春花，盛開在義大利的上空，永不衰敗。

搜索地標：俄羅斯的莫斯科紅場

St. Vasily Cathedral

聖瓦西里大教堂

民間締造的傳奇

現在戰爭的硝煙已日漸遠去，當年耀武揚威、歌頌功德的功能也煙消雲散，取而代之的是人們對教堂高超建築技藝的欣賞和研究。前事不忘後事之師，戰爭帶給人們的傷痛，幻化為有形的物質實體——教堂，接受人們對美好生活的虔誠禱告，時時刻刻提醒人們勿忘戰爭，和平共處。

✳ 聖瓦西里大教堂的建成耗費了不知多少人的血淚，可堪與孟姜女哭倒的長城相提並論。

莫斯科紅場上，有一個被譽為「石頭的神話」的建築物——聖瓦西里大教堂。它是充滿智慧和力量的民間工匠們締造的傳奇，不論風吹雨打，都屹立於風雨中。

說起這座教堂，背後深藏著一個淒慘的故事。俄羅斯歷史上第一個沙皇——伊凡四世對內實行殘暴的統治，人民怨聲載道；對外實行擴張侵略，攻打弱國，擴充地盤。在遠征喀山汗國凱旋後，他為慶祝勝利下令修建教堂。教堂的一個圓頂就代表一次勝利。在無數能工巧匠的努力下，聖瓦西里教堂建成，伊凡四世看到這無以倫比的輝煌建築，不由得發出由衷的讚歎。隨之，一個罪惡的念頭也在他心中滋生，他為了不使同樣的壯麗輝煌重現，遂下令將修建教堂工匠的眼睛全部挖去，令他們不能再有所創作。這似乎是應了那句「天妒英才」的老話，從此，世間又多了一批苦命人，他們悲慘遭遇的根源竟是因為自己傑出的創作才華。

關於修建這座教堂的原因，還有一個動人的歷史傳說。相傳當年俄羅斯軍隊遠征外域，水土不服，面臨困境，多虧了8個聖人幫助，才得以擺脫不利的局面，取得戰爭最後的勝利。為了紀念曾經幫助過自己的人，俄羅斯軍

隊回國後積極籌建了這座教堂,並得到了沙皇的支持,才有
了後日光彩奪目的傳世不朽之作。從此,這座設計精巧絕倫
的教堂成為了俄羅斯的標誌和象徵,每年的閱兵式,軍隊列
隊走過紅場時,整齊的方隊都忍不住向其投以致敬的目光。
而每一個普通人走過它的身旁,也會志得意滿起來,因為它
無可匹敵、宏偉壯觀的氣勢代表了俄羅斯人衝上雲霄的勇氣
和豪情,它承載了無尚的光榮。

　　這座被譽為俄羅斯最美麗的教堂,展示了俄羅斯16世紀
時民間典雅、莊重的建築風格。是由9個獨立的小塔樓相連構
成,團團圍在一起組成一個口字狀的8個小教堂和中心主教堂
是在一座地基上拔地而起的,它們由曲折蜿蜒的長廊連接起
來,串聯成一個整體。8個小教堂的正門都面向中心主教堂內
的長廊,因此無論你從哪個小教堂的門進入,都能看到教堂
內部的全景展示。雖然教堂的外部裝飾足夠華麗多姿,可教
堂內部卻簡樸肅穆,唯一能展示它與眾不同地方的是繪製在

✤聖瓦西里大教堂就是莫斯科
的象徵,它無言地訴說著莫斯
科的一切。

✽聖瓦西里大教堂色彩各
異、花紋斑斕、爭奇鬥艷地
豎立在空中，充滿了魅力，
高低錯落地排列，呈現出不
對稱的和諧之美。

牆上的古老壁畫，內容豐富，交代清楚了時間、地點、人物
及事件發展之經過，令人眼花繚亂，彷若回到了中世紀那神
奇多采的古代世界。我們都像劉姥姥走進了大觀園，兩隻眼
睛怎麼也看不夠牆上絢麗多姿的連環畫作，彷彿洞穿了那一
個時代的人情風貌，更加覺得不枉此行。

教堂的牆壁是用紅磚白石層層堆砌而成，色調明朗，紅
色代表奔放熱情，白色代表聖潔肅穆，兩種寓意截然不同的
顏色搭配在一起，沒有感到絲毫的突兀，反而覺得對比感強
烈，華麗中透出樸素，張揚中滿是低調。雖然沒有傳說中金
碧輝煌的色彩和感覺，卻也是令人過目難忘。每一個到訪過
聖瓦西里大教堂的人，看到那9個洋蔥樣的大圓屋頂令人眼前
一亮，難掩滿臉的喜悅之色。遠遠看起來，彷彿一個巨大的
花叢中好幾個花骨朵在藍天白雲的映襯下含羞待放；又似幾
個洋蔥生長在教堂的頂部，等待有心人的採擷；更似童話中
公主居住的城堡，王子一個深情的呼喊，就會吸引多情公主
的目光，那些洋蔥頭上，必定會有公主悄悄張望的窗口吧。
此外，每個圓頂上還鑲嵌了一個十字架，彰顯了它作為教堂
的特質，提醒人們不要忘了它的功能。十字架在陽光下閃耀
著炫目的光彩，光暈的投射背景令它們看起來無比神聖，令
人禁不住想要匍匐膜拜。這就是宗教的魅力，能在無形中影
響人的心理動作，做出不可思議而又理所當然的動作，舉手
投足間具體實現著虔誠和敬意。

走近教堂，就會看到，它是由兩層構成的，分別為底
層：內走廊下由厚磚牆分割成副禮拜堂和房間；第二層：有
內外多條走廊將9個禮拜堂組成為一個和諧的整體。令人感到
可惜的是，它作為教堂的功能近些年來已鮮少使用，更多的
是開闢為展覽室。室內設有展覽廳陳列圖片、模型及實物，
用以介紹這一組教堂的建築歷史和多個世紀以來的變化。每
間展室的展出主題各異，人們在這裡可以找到不一樣的獨特
體驗。有一間展室再現了教堂底層的風貌，幾乎是一件密不
透風的火柴盒子，光線黯淡，看到的都是模糊的影子，只有
一個細小的通風口維持其新鮮氣息的疏通。

寵辱不驚，看庭前花開花落；去留無意，望天空雲卷雲
舒。聖瓦西里大教堂，就似一個「大隱隱於市」的歸隱人，
不參與紅塵的紛爭，悠閒自得地沉浸在自己的世界中，靜靜
地回顧過去，卻很少展望未來。聖瓦西里大教堂如同一個冰
雪聰明的智者，巧妙地保護、隱藏自己，免受世俗的傷害。
走近它，感受不到陳腐的氣息，只有啟迪教化的醍醐灌頂，

那是穿越百年而不朽的普世價值。

　　現在戰爭的硝煙已日漸遠去，當年耀武
揚威、歌頌功德的功能也煙消雲散，取而代
之的是人們對教堂高超建築技藝的欣賞和研
究。前事不忘後事之師，戰爭帶給人們的傷
痛，幻化為有形的物質實體——教堂，接受
人們對美好生活的虔誠禱告，時時刻刻提醒
人們勿忘戰爭，和平共處。

*P*alace of Versailles

凡爾賽宮

·奢靡時代的紀念

凡爾賽宮，那個奢靡時代的紀念，不凡的皇家氣質，無以後加的雍容情懷，角落間都瀰滿了法國路易王朝顛峰時的霸道和奢華。「所有能夠想像得出的華貴物品你都能在凡爾賽宮裡找到，一切能想得到的舒適與享樂的方式也都曾在凡爾賽宮中發生過。」路易王朝在凡爾賽宮成為歐陸霸主，亦在這裡走向滅亡。

光影片段間，一個時代的烙印總是那麼地清晰可見。凡爾賽宮，那個奢靡時代的紀念，不凡的皇家氣質，無以復加的雍容情懷，角落間都灑滿了法國路易王朝巔峰時的霸道和奢華。「所有能夠想像得出的華貴物品你都能在凡爾賽宮裡找到，一切能想得到的舒適與享樂的方式也都曾在凡爾賽宮中發生過。」路易王朝在凡爾賽宮成為歐陸霸主，亦在這裡走向滅亡。

　　年輕的路易十四實在是個怪僻之人。作為一代君主，他身上具備了暴君所有的資質：固執、殘忍、陰毒、霸氣，他將法國王室的專制推向了頂峰，自比「太陽王」。偏偏這個暴君有著不可救藥的藝術情結：自戀、多情、細膩、可愛，他締造了法國浪漫、溫文爾雅的氣質，開創了奢華絢麗的路易時代。凡爾賽宮就是那個時代的見證。

以太陽神阿波羅駕著馬車巡行為主題的水池，與路易十四的太陽王交相輝映。

✿由500多塊鏡片裝飾的鏡
廳，看起來金碧輝煌。

　　17世紀「太陽王」路易十四傾盡法國人力、物力、財力建造了「有史以來最大、最豪華的宮殿」——凡爾賽宮。

　　他找到了當時最著名的建築師芒薩爾，放手給他絕對的自主權，並賜予芒薩爾爵位。這對於當時等級森嚴的法國而言不啻於違背祖訓。面對四起的反對聲，路易十四厲聲駁斥：「你們聽著！我在15分鐘內就可以冊封20個公爵或貴族，但是，需要幾百年甚至更長的時間才能出一個芒薩爾。」幾十年後藝術家恣意揮灑創意的凡爾賽宮成為歐洲王室爭相模仿的對象，路易王朝威望輻射歐洲大地。

　　這是一座怎樣的宮殿？當你走進它，請你務必相信，這裡的的確確是住人的地方，登峰造極的奢華「令人髮指」，以至於連法國民眾都對此瞠目，無法相信進入自己眼簾的是真實的存在。凡爾賽宮占地近111萬平方公尺，雄踞在山坡之上，宮頂毅然捨棄了傳統的法國尖頂建築風格，採用了更加穩重的平頂，大氣恢宏，對稱的幾何圖形宏偉壯麗。500多間大小殿堂金碧輝煌，每一處外壁頂端林立的大理石雕像栩栩如生，殿堂內大理石柱廊鑲金嵌玉，天花板金漆彩繪，錯綜複雜的曲線玲瓏遊走，繽紛的貝殼、繁雜的花飾，無處不彰顯著豪華奢靡的氣質。巨幅畫像記載著中世紀的生活，掛毯搖曳著醉人的氛圍，古典的歐式傢俱工藝絕佳，霸氣四溢。世界級的藝術品隨處可見，遠道而來的中國瓷器使凡爾賽宮奢華中不失歷史的厚重。

　　不同於中國園林的天然無琢，凡爾賽宮花園完全是人工雕琢，極其講究對稱和幾何圖案的呈現，嚴謹、理性可謂法

　　式園林的經典之作。寬闊的十字大運河縱貫凡爾賽宮花園蜿蜒無邊，微瀾淺現，古樹參天，綠草如茵，繁花似錦，亭台樓閣，大小特里亞農宮典雅別緻，一切都嚴整有序，別具匠心，人工化得沒有任何瑕疵。

　　園林裡最具特色的便是噴泉瀑布，據說當年路易十四散步御花園時，僕役們就得人工操縱，使1400只噴泉水花四射，稍有紕漏就會受罰。噴泉都飾以絕美的雕塑，比如太陽神阿波羅噴水池，陽光照射下，遮天水霧中的阿波羅塑像金光閃閃，彷若駕著戰車馳騁於戰場，四周水花翻滾，煞為壯觀。噴泉、運河都源自塞納河，點點相連，極富歐洲古典浪漫的氣氛。

　　凡爾賽宮最為富麗堂皇的殿堂非鏡廳莫屬，長72公尺，寬10公尺，高13公尺，西牆由17扇巨大的拱形窗戶組成，東側則與之相對的鑲嵌了17面大鏡子，每面鏡子由483塊鏡片組合而成，把窗外的陽光與景色都引入廳內，廳內也如花園般鮮花盛開。內壁以漂亮的白底玫瑰色的大理石相間，鏡板間以綠色大理石壁柱隔開，包金柱頭彷若天上星宿鎮守一方。幾百盞水晶燈飾與鏡面相映成輝，可謂美麗絕世。巨幅天頂畫講述著路易十四時期過往的政事。站在鏡廳內，可以從各個鏡中看到自己。夜幕降臨，400只蠟燭的火焰一起入鏡，鏡內鏡外燭光搖曳，如夢如幻。當年路易十四帶領眾多情婦和群臣在此縱情歌舞，人影劃過，鏡內飛舞過無數王公貴族的影像，極盡享樂，路易王朝聲色犬馬生活可見一斑。

　　至今鏡廳內依舊保存著當年與會代表的用品，法國人用以緬懷榮耀。有人將鏡廳比作無言的史官，秉筆往事，卻難諱言。

　　凡爾賽宮是路易王朝華麗的紀念碑，曾經無限的權威如今流水落花。法國有一種說法，沒有到過凡爾賽宮，就不算真正到過法國，就讓我們一起緬懷法蘭西帝國巔峰時的輝煌和奢華吧！

　　藝術或權威都值得我們頂禮膜拜。

搜索地標：法國北部法蘭西島大區塞納-馬恩省

Palace of Fontainebleau

楓丹白露宮

森林中的宮殿

楓丹白露宮隱藏於密林深處，雖然不及凡爾賽宮壯美，但是淡雅大方。彷若深宮中的絕世佳人，十指蔻丹，朱唇微點，采露煨茶，過著與時光無關的日子。抑或清冷，抑或自得？

❀絕代艷后瑪麗皇后的閨房，奢華中顯露出嬌美的色彩。

　　汪藍色美泉，給了法國巴黎南部小鎮一個雅致的名字「楓丹白露」。小鎮上有曾供法國貴族狩獵的一片名為「楓丹白露」的森林，森林中有一座名為「楓丹白露」的皇家行宮。「楓丹白露」是翻譯史上的神來之筆，詩情畫意淋漓盡致，非原意可比。思緒中季節轉換，秋風乍起，紅楓搖曳，薄霧輕灑。

　　楓丹白露森林是法國最美麗的針葉林。橡樹、樺樹、櫪樹挺拔筆直，層層疊疊的枝葉撐起了茵茵綠色，松鼠追逐著斑駁的光影，入秋，色彩各異的枝葉就像一幅斑斕的畫卷。楓丹白露宮隱藏於密林深處，雖然不及凡爾賽宮壯美，但是淡雅大方。彷若深宮中的絕世佳人，十指蔻丹，朱唇微點，采露煨茶，過著與時光無關的日子。抑或清冷，抑或自得？

　　有人說：「你要啃一本枯燥的法國歷史書，不如到楓丹白露來走一遭。」因為它幾乎凝縮了法國800年王權更迭的歷史。對楓丹白露的解析就是對法國歷史的解讀。從法蘭西斯一世、亨利四世到路易十三、路易十四、路易十五、路易十六再到拿破崙一世、拿破崙三世，楓丹白露不斷地修建改建，就連當地人也說不清究竟哪個國王改建了哪個部分。總之這裡的一草一木、一磚一瓦都沾有王家之氣，都有故事可講述。

※風景綺麗的楓丹白露宮，把文藝復興風格和法國傳統藝術完美地結合在一起。

楓丹白露宮花園芬芳，古堡幽香，松柏青青，碧波粼粼。最美的是法蘭西斯一世畫廊。法蘭西斯一世開法國藝術崇拜的先河，從義大利請來著名的藝術家畫家工匠，鼓勵他們在楓丹白露創作，後來還形成楓丹白露畫派。在畫廊中隨意走走，彷彿回到了文藝復興時代，隨便哪一幅都是法國的國寶，生如夏花，畫廊得到了永恆的寵愛。

最愛楓丹白露宮的是拿破崙，他在回憶錄中寫道：「楓丹白露是真正國王的住宅，世紀的宮殿。」1804年他在此加冕稱帝，1814年一世梟雄在此向老兵告別：「為了祖國的利益，他已經準備好退位，離開法國甚至離開人世。」再風雲的人物也會風輕雲淡，只有那不經意間的舊事還在流傳。

有人將楓丹白露宮比做中國的圓明園，因為這裡藏有英法聯軍從圓明園劫掠來的無數珍寶，只是圓明園已剩斷壁殘垣。楓丹白露比圓明園幸運，雖然它身上也承載了厚重的歷史痛楚，靜謐中，楓丹白露宮一身傲骨，一腔柔情都化為那一汪藍色美泉。

※秀雅的雕塑立於園內，給園林增添了無限的風情。

搜索地標：倫敦詹姆士公園的西邊

Buckingham Palace

白金漢宮

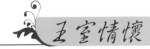 王室情懷

白金漢宮是英國王權的象徵，這裡有英國人無法釋懷的王室情結，有著對往昔輝煌的留戀，有著對高貴韻致的崇尚，這裡已然是英國人的精神支柱。

❋白金漢宮是王宮更是園林，它把兩者融合得巧妙無比。它莊嚴肅穆卻又美不勝收。

英國，這個世界近代史上曾經翻手為雲、覆手為雨的「日不落帝國」，在歷史的激盪中，帝國之夢漸漸退卻，支離破碎中幽幽地歸於平淡，而綿長的歷史都匯聚在了白金漢宮。白金漢宮是英國王權的象徵，這裡有英國人無法釋懷的王室情結，有著對往昔輝煌的留戀，有著對高貴韻致的崇尚，這裡已然是英國人的精神支柱。

老牌的資本主義國家擁有最濃郁的王室風情，白金漢宮在紛擾的歷史中歷久彌堅。白金漢宮表面並不張揚，普普通通的建築群藏匿著歷史的困惑和威嚴。只有白金漢宮的皇家衛隊每天準時上演的交接儀式，提醒著過往此處的高貴。戴著毛毛的高筒帽，上身著鮮亮的紅色軍裝，下著緊腿褲，腳踏大馬靴，騎著步履優雅的高頭大馬。皇家衛隊從百公尺外列隊前來，一個個是那麼的英姿軒昂，優雅中有一絲傲慢，傲慢中瀰漫著高貴，也許這就是王室感覺吧。有人說看過交接儀式才能明白一二英國人的王室情懷，確實意味頗多。

白金漢宮最初由白金漢公爵修建，1837年才成為英國王室至高無上的宮殿。宮外的林蔭小道彷彿就定格在了19世紀初年，一切景致都如油畫般精美安謐。廣場上維多利亞女王雕像與勝利女神像相映成輝，依稀可見大英帝國難逃歷史宿命的霸氣，令人唏噓感慨。霧色倫敦下的白金漢宮，憂鬱穩重，一如不苟言笑的英國紳士，冬雨飄落，也不會走亂腳下的步伐。

白金漢宮大約有600多間廳室，宴會廳、音樂廳、畫廊、集郵室……都奢華如新，沒有歲月的痕跡。請用極慢的腳步走近它，你會聽到它的歎息，那裡的每一件物品都記錄著一段王宮內的時光，一個鮮為人知的故事。現在白金漢宮的主人是伊麗莎白二世，她無疑是在此生活最久的女王。若白金漢宮正上方飄揚著英國王室旗幟時，則表示女王此刻在宮中。逢節日，女王坐在猶如童話般的黑色的馬車裡，帶著淺淺的微笑，緩緩擺手，安靜又慈祥，高貴又典雅，皇家氣息幾百年浸潤方能如此。

英國王室的傳奇還在繼續，遠遠觀望，我們內心微瀾輕漾，其實不止於英國，對於世界，白金漢宮源於承載一種意識，一種文化：童話抑或傳奇。

❋白金漢宮處處具體實現著王室的威嚴和威懾力。

❋夜幕低垂下的白金漢宮就是英國王室那顆流光溢彩的寶石。

Kremlin

克里姆林宮

‧俄羅斯靈魂的見證

克里姆林宮完全具體實現了俄羅斯民族骨子裡的憂鬱，與歐洲大地之上其他國家的古老皇宮與權力核心相比，克里姆林宮就像一聲沉重的歎息，即使延續千年，依然令人唏噓。

赭紅色的建築之上，高聳的塔樓威嚴沉默，尖頂之上一顆紅星旗幟鮮明的宣揚著自己於世界的意義。克里姆林宮對於俄羅斯人來說，是虛飾的外表和高尚的精神的結合

體，在其莊嚴的城牆之內所包含的「既是一部完整的俄羅斯民族史詩，又是俄羅斯人世界曲折變化的真實寫照」，它反映的正是俄羅斯本身。

克里姆林宮具體顯現了俄羅斯民族骨子裡的憂鬱，與歐洲大地之上其他國家的古老皇宮與權力核心相比，克里姆林宮就像一聲沉重的歎息，即使延續千年，依然令人唏噓。白金漢宮高貴典雅、英國王室華麗的轉身留給這座宮殿無限的美麗風情；凡爾賽宮、羅浮宮，雖然繁華不再，仍舊盡得寵愛，浪漫得一塌糊塗。而克里姆林宮呢？如今與之相對的不是歐洲曾經的皇室宮殿，而是世界權力漩渦的白宮。權力是克里姆林宮永恆的話題。一部克里姆林宮的主人史，儼然就是一部蘇聯史、俄羅斯史。克里姆林宮不僅是莫斯科的象徵，更是蘇聯的象徵、俄羅斯的象徵。皇室恩怨在此上演，蘇聯權力在此爭奪。

最能表露莫斯科情懷的建築恐怕就是克里姆林宮了，它是莫斯科最古老的建築。本來的石頭城堡歷盡近千年的修飾與增建，已然成為莫斯科河畔、博羅維茨基山崗上一組龐大的建築群。在久遠的11世紀，當莫斯科的博羅維茨基山崗上出現第一個斯拉夫居民據點時，克里姆林宮便開始存在於莫斯科的大地之上。現在的克里姆林宮多建造於14～17世紀，伊凡三世實現了俄羅斯的統一，從此才徹底拉開克里姆林宮華麗的序幕，莫斯科著名的紅場也不過為它而建。那是一個輝煌的時期，在克里姆林宮26萬平方公尺的城牆內，居住有幾萬人，皇室成員、數千朝臣、各種藝術家、軍人、教士……他們井然有序，各盡其責，開動這龐大的國家機器。克里姆林宮從誕生之日起就與俄羅斯歷史上所有的重大事件有著直接而實在的聯繫。它見證了俄羅斯從一個莫斯科大公國發展至今日橫跨歐亞大陸的強大國家的全部血淚。

除卻權力與神秘，克里姆林宮更有訴說不盡的魅力。這座莫斯科最古老的建築突兀而顯眼。有俄羅斯諺語如是說：「莫斯科大地上，唯見克里姆林宮高聳，克里姆林宮上唯見遙遙蒼穹。」高大堅固的圍牆和鐘樓、金頂的教堂、古老的樓閣和宮殿，莫斯科清冷的空氣中，瀰漫著克里姆林宮孤傲的氣息。

克里姆林宮的標誌是什麼？百年前，這個真的很難說。但是現在只要高聳的塔樓頂尖紅色的五角星隨風而動，我們就可以很清晰的判斷出這是俄羅斯的克里姆林宮。克里姆林宮並不止一顆紅色的五星，5座最高的塔樓頂尖之上，各有一顆直徑達6公尺的紅色五星，不論白天黑夜，永遠照耀著莫斯

❋聖米迦勒天使長大教堂是
彼得大帝和以前的莫斯科歷
代大公及沙皇的墓地。

❋40噸重的「砲王」擺放在
院內，據說砲口可同時爬進
3個兒童。

科。當立於紅場，看到步履蹣跚的老人仰望五星而泣，你會明白何為信仰。

克里姆林宮殿宇軒昂，陽光下，全長2235公尺的紅色宮牆異常明亮，透露著自己的與眾不同。19個洋蔥頭似的尖頂塔宮紅色磚牆上裝飾有白色石頭，尖頂飾以各種顏色的外表，如耀眼的金黃色、大俗大雅的綠色，雜以黃色和紅色，沉穩中帶有一絲華麗。克里姆林宮內高大的教堂、豪華的宮殿、古樸的鐘樓，每一個建築都是一件高貴的藝術品，濃郁的俄羅斯風情在克里姆林宮舞蹈。

克里姆林宮內宮闕眾多，大克里姆林宮仿古典俄羅斯式外觀，華麗而純淨；烏梭宮獨樹一幟，俄皇寶座即設置於此；泰雲宮美輪美奐，這裡曾經是沙皇候選佳麗住所；元老會議宮最為重要，土黃色的牆面拒人於千里之外，如今元老會議宮仍然是俄羅斯的神經中樞。

大克里姆林宮是克里姆林宮最重要的宮室，格奧爾基耶夫大廳、弗拉基米爾大廳和葉卡捷琳娜大廳等700個廳室，彰顯著大國風範。尤其是格奧爾基耶夫大廳，橢圓形的圓頂之上6支鍍金兩枝形吊燈搖曳生輝，彷若蒼穹中耀眼的北斗星。據說這裡每個吊燈都重達1300公斤。大廳牆面上彩繪有西元15～19世紀俄羅斯軍隊征戰沙場的巨型壁畫，雖然壁畫有一些斑駁，但是俄羅斯帝國鼎盛時期的霸氣依稀可見。周遭紋飾雕刻18個圓柱，頂端雕刻有象徵勝利的形象。置身其中，彷若回到了那個並不平靜的年代，血雨腥風中，與一個強勢的大國為鄰並不是一件幸事。

政教合一的身分注定了克里姆林宮濃郁的宗教色彩，十二使徒教堂、聖母升天教堂、天使報喜教堂及聖米迦勒天使長大教堂，4個教堂金頂白牆，富麗堂皇，精緻的十字架在教堂頂端傳遞著上帝的福音，壁飾細工鑲嵌，紅寶石與黃金搭配而成的神像熠熠生輝。教堂裡色彩炫目，只是沒有了禮拜者與僧侶的聖歌聲。

高81公尺的伊凡大帝鐘樓直插入雲，氣勢巍峨。著名的「克里姆林宮的鐘聲」就來自它的腳下，這座「鐘王」由200名能工巧匠費時兩年修築，卻從未響起過。與之相伴

的是重達40噸的「砲王」，這尊大砲一定是世界上最美麗的大砲，砲架雕刻有華麗的浮雕。它耗時46年鑄成，期間換了8位沙皇，可謂八朝老臣，亦從未使用過。

　　二戰期間，德國對莫斯科的密集轟炸，克里姆林宮卻並未受到任何的損失，這不能不說是一個奇蹟。莫斯科人總是自豪地說，上帝在保佑克里姆林宮，在保佑莫斯科。而今每月最後一個週六，克里姆林宮外紅場上都要進行守軍換班儀式，俄軍儀仗隊身著沙皇時代的軍儀禮服，代表著一個早已不存在的沙皇時代。不論為了某種情懷，抑或只是一種懷念，都令人唏噓不已。

　　紅色的五星見證了一個時代的沉浮，而克里姆林宮是俄羅斯靈魂的見證。

✿克里姆林宮曾經是地球上那塊幅員遼闊的土地上的權力中心，在一些重要的歷史瞬間，來自那裡的決策影響了許多人的命運。

搜索地標：西班牙的格拉納達

Alhambra

阿罕布拉宮

阿拉伯絕世風情

阿罕布拉宮洋溢著濃郁的神話色彩，迴廊婉轉，厚厚的拱門彰顯了勝利者的霸氣和驕傲。阿拉伯可蘭經裝飾和精緻的幾何花草紋隨處可見，綻放著阿拉伯人的優雅和才智。

一座風華絕代的宮殿，一份無盡的阿拉伯情懷。聖潔、靜謐的光暈裡，隱含著悲壯而精緻的摩爾文化，有著一個王朝最後的輝煌，這就是位於西班牙南部安達魯西亞的阿罕布拉宮，伊斯蘭藝術的奇葩。

「阿罕布拉」，意為紅色。雪山下憂傷的紅色城堡孤獨的矗立著，迴旋在風中的是那首輾轉輪迴的《阿罕布拉宮的回憶》。西元8世紀初，阿拉伯人用7年的時間征服了伊比利半島，在格拉納達制高點修建了這座阿拉伯宮殿，800年的刀光劍影，雙方展開了人類歷史上持續時間最長的一段戰爭。

✳獅子院中密布如林的柱廊及鏤空雕刻的牆飾，雖飽經滄桑，仍魅力十足。

之後失意的摩爾人全面撤出，此處長達800年伊斯蘭文化的浸透只留下空曠的阿罕布拉宮。

　　阿罕布拉宮洋溢著濃郁的神話色彩，迴廊婉轉，厚厚的拱門彰顯了勝利者的霸氣和驕傲。阿拉伯可蘭經裝飾和精緻的幾何花草紋隨處可見，綻放著阿拉伯人的優雅和才智。斑駁的光線穿過雕花的小窗，星星點點灑落在幽暗的大殿之內，立於光影之中，思緒迷幻，內心深處的記憶被喚起，一種無名的感動融化在阿罕布拉宮的風中，前世、今生，不過轉瞬間。

　　阿罕布拉宮最美為獅廳，這是一個典型的阿拉伯式庭院。12只雄壯有力的白色大理石獅托起華美的噴泉，石獅口噴活水，形成兩條水渠與124根纖細的雕花圓柱，錯落有致地組成4個遊廊，精巧嬌媚。屋頂鑲嵌金銀絲，阿拉伯文字圖案鋪滿了牆壁，一切極盡奢華，依稀可見摩爾王朝鼎盛時的輝煌。

　　桃金娘中庭得名於西班牙人種植於此的桃金娘樹，於是阿罕布拉宮多了一絲浪漫。庭內40公尺高塔之上可一覽阿罕布拉宮無與倫比的全景。一池碧水中倒影著悠悠的阿拉伯風情，飄動的紋飾、廊柱、拱門……空靈的伊斯蘭聖地想必就是如此。

　　當你來過阿罕布拉宮，它總會出現在你的夢裡，阿罕布拉宮恰似生命中某些曾經失落的東西，不能忘卻。

❋不知摩爾人被迫放棄阿罕布拉宮時，可否戀戀不捨，可否仰天長歎，悲繁華不再？（左圖）

❋如果桃金娘宮是一位女子的話，一定是長裙曳地的絕世佳人，裙裾飄飄，抖落了一世的深情。（右圖）

搜索地標：法國巴黎市中心的塞納河北岸

Louvre Museum

羅浮宮

·藝術盛宴，文明索引

與英國的倫敦塔相比，羅浮宮更像中國的「故宮」。故宮博物院呈現的是中華五千年文明，而羅浮宮展示的是整個人類的文明，那裡永遠是世界性的藝術盛宴，人類文明的總索引。

✤羅浮宮既是世界上最古老、最大和最著名的博物館之一，又是法國歷史上最悠久的王宮。

巴黎塞納河畔，幾千年文明凝縮而成的羅浮宮，靜靜地坐在歷史的光影中，彷彿路易十四時代的昔日繁榮並未隨歲月的流逝而退卻，奢華、厚重、雅致、宏偉、神秘……輝煌的古文明與精緻的宮殿，任誰也無法錯過。

不同於凡爾賽宮的至上奢華，不同於楓丹白露宮的至上唯美，羅浮宮多了些許平淡，卻擁有了更多無法向他人傾訴的沉重。1190年，羅浮宮始建，不過是十字軍東征時保管皇家檔案與皇家愛犬的城堡，雖然取名羅浮宮，總有些名不相符。十四世紀，「賢王查理」的入主，拉開了羅浮宮輝煌歲月的序幕，查理頗具藝術氣質，一座破落的碉堡在他手下成為光鮮的皇家宮殿，聳立的高塔裝滿了皇家圖書。弗朗西斯一世、亨利二世、亨利四世、路易十四、路易十六直到拿破崙一世，每一位繼承羅浮宮的君主都在羅浮宮上揮灑自己的創意，無論重建抑或增減。沒有人明白羅浮宮到底應該是什麼樣子，但是目標每個人都無比清晰——羅浮宮是法國皇室的象徵。

羅浮宮每一絲變化都是法國上層社會的指向標，它是和法國歷史錯綜的糾纏在一起的，它見證了歐洲最古老民族的崛起，也見證了法國皇權的消亡。近50位法國君王在這裡翻手為雲、覆手為雨，有的

壽終正寢，而有的血濺廳堂。鼎盛與衰落，羅浮宮會有些心痛嗎？

　　有人說羅浮宮是一隻涅槃的鳳凰，英法百年戰爭的雲煙只是暫時遮蔽了它的光環。而路易十四移情凡爾賽宮，反而成全了羅浮宮的完整。當法國大革命疾風暴雨般來臨時，羅浮宮浴火重生，有了一個全新的角色——羅浮宮博物館。1747年，人們開始考慮把羅浮宮變成一個展示皇家收藏品的地方，自此法國詞彙中方有了「博物館」一詞。法國歷代國王尤其是拿破崙總是不停地將世界各地的藝術品收入囊中，羅浮宮陳列的藝術珍品都難以用金錢去衡量。與英國的倫敦塔相比，羅浮宮更像中國的「故宮」。故宮博物院呈現的是中華五千年文明，而羅浮宮展示的是整個人類的文明，那裡永遠是世界性的藝術盛宴，人類文明的總索引。

　　羅浮宮「口」字形的正殿威嚴而華麗，沒有過多修飾的頂部更彰顯皇室威望。漫步在正殿前方的卡魯賽廣場，彷若穿梭在古老與前衛中。廣場上由華裔建築師貝聿銘設計的玻璃金字塔通體透明的在陽光下閃爍著五彩光芒，恰到好處地彌補了羅浮宮稍顯死板的布局。在羅浮宮四周極大的馬蹄形廂房陪襯下，在千百年古老米黃色外牆的簇擁下，玻璃金字塔彷若天外來物，自撐起一片蒼穹。想當初巴黎市民對玻璃

✿ 莊嚴的古老建築與通透的玻璃金字塔遙相呼應。

金字塔設計多有怨言，認為古老的文明與澄淨將因它而消逝。而今，它與羅浮宮共同成為巴黎的象徵，巴黎人對於玻璃金字塔的喜愛甚至超過了榮耀的凱旋門。

　　傍晚，古老的羅浮宮散發昏黃的光線，琥珀色的玻璃金字塔安然入睡。拿一杯咖啡坐在廣場水池旁，周邊鶯歌燕語，人來人往。據說此處成為巴黎年輕人談情說愛的最浪漫場所。也許是因為年邁的皇宮，也許是因為絕美的玻璃金字塔，或者是羅浮宮充溢的藝術氣息的召喚。此題無解，太多複雜的因素糾纏在一起，想必一定有一個地方觸動了巴黎年輕人的心情。

　　羅浮宮100多根文藝復興時代風格的立柱托起長長的走廊，典雅的石雕玲瓏清澈。如果僅僅是緬懷歷史，一天的時間我們足以將羅浮宮走遍。只是當你置身於40萬件世界級的藝術珍品的包圍時，你一定會不知所措，無論是誰都無法安然面對暴雨般而來的藝術。一件也就罷了，偏偏是隨意一件都是舉世珍品。當那些珍品猝不及防的出現在眼前，任誰都

難免熱血沸騰，你不禁會為藝術本身或隱含其中的歷史情緒而感慨，這就是羅浮宮的魅力。

羅浮宮六大展館，198個展廳，各國幾千年的文明畫卷慢慢拉開：東方藝術館、古希臘及古羅馬藝術館、古埃及藝術館、珍寶館、繪畫館及雕塑館。有人說：「以每個工作日8小時來計算，參觀羅浮宮需要365個工作日。」此話不假，只是與藝術親密接觸怎能以工作而論？只為飽嘗大師們的名作風采，或是為了細細體味聞名於世的古老雕塑，又或是為了追憶那些曾經輝煌過的古老文明，徜徉在藝術的海洋中，時間是不會夠用的。也許你只想多看一分鐘，如此而論，不知不覺間，就會多花幾個小時，甚至幾天，幾個星期，就是幾個月、幾年也不足為奇。

刹那間的驚艷遠勝走馬看花。與我們而言，如若將參觀羅浮宮提上日程，一定要抽出足夠的時間來做功課。哪些展廳是一定要去的，哪些珍品是一定要看的，哪些要細細品味，哪些可一略而過。切忌蜻蜓點水到此一遊的心態，當千件萬件生生進入眼簾，再好的視力也會疲倦，再好的藝術也無力欣賞。

❀從金字塔入口而下的精美樓梯，使羅浮宮的參觀路線更為合理，省去了不必要的繞行時間。

米羅的維納斯用殘缺詮釋著另類的美麗；達文西的蒙娜麗莎嘴角微露的笑容以及薩莫特拉斯的勝利女神是必看的。羅浮宮的鎮宮三寶，散發著真實的光芒，那麼清晰地展現在我們眼前，藝術細胞此刻是多餘的，片刻的凝視足矣。

對於羅浮宮的收藏，每個國家都會有些許不滿。拿破崙軍隊掃蕩埃及，幾乎將埃及文明搶掠一空，神秘的木乃伊被迫離開千年冰冷的墓穴，棲息在異國的羅浮宮中；希臘力與美的雕塑故國難回；還有低聲哭泣的青花瓷……羅浮宮匯聚了千年人類文明，也彙集了人類的戰爭與掠奪。走出羅浮宮，難免會心痛，會不平，現世安穩，我們無力去改變什麼。欣賞抑或緬懷，都是一種心態，過去在羅浮宮中靜靜地坐下，它在靜靜地守候著未來，去品評它的價值。

❀薩莫特拉斯的勝利女神雕像。

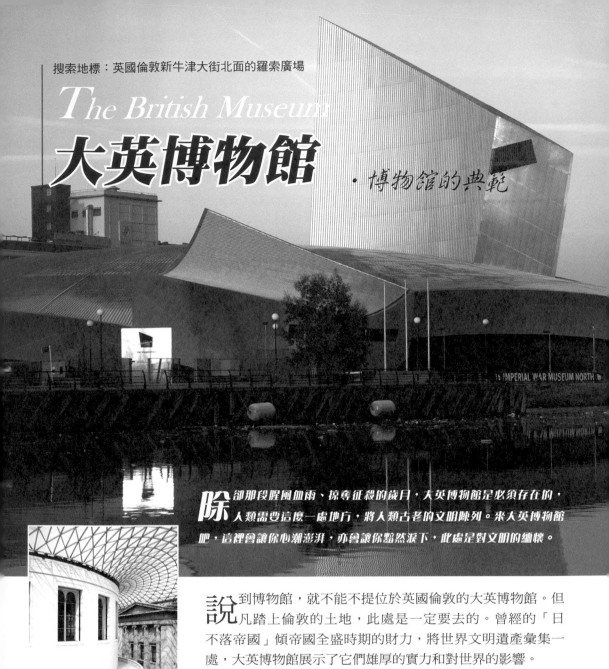

The British Museum
大英博物館
·博物館的典範

除卻那段腥風血雨、掠奪征殺的歲月，大英博物館是必須存在的，人類需要這麼一處地方，將人類古老的文明陳列。來大英博物館吧，這裡會讓你心潮澎湃，亦會讓你黯然淚下，此處是對文明的緬懷。

❈博物館內現代而富有創意的設計。

說到博物館，就不能不提位於英國倫敦的大英博物館。但凡踏上倫敦的土地，此處是一定要去的。曾經的「日不落帝國」傾帝國全盛時期的財力，將世界文明遺產彙集一處，大英博物館展示了它們雄厚的實力和對世界的影響。

說到大英博物館的歷史不能不提漢斯·史隆爵士。因他，大英博物館才破土而出。漢斯·史隆爵士出於「為人類福祉貢獻心力」的理想，在世界各地搜羅了大量的藝術品。當他去世時，遺留下的藏品達79,575件。這是一個令人驚奇的數字，今日憑何等威望、何種實力均無法做到。英國當局根據爵士的遺願以市價1/4的價格收購了所有藏品，同時收購了羅伯特·科頓爵士和哈利爵士的藏品，由此才有了大英博物館的雛

形。1759年，博物館正式對外開放，免費供市民參觀。與其他國家博物館相比，大英博物館的建立包含有個人行為，也許這恰恰具體實現了博物館的建立理念：保存文明、講述文明、服務民眾。此大英博物館開創先河。

世界三大博物館：紐約的大都會藝術博物館、巴黎的羅浮宮和大英博物館。而關於大英博物館，英國人具體實現了他們固有的紳士精神，獨到的設計方案，幾近完美的布局結構，已然成為後世博物館建設的標準模式，被後來者競相模仿。現在我們所看到的大英博物館建築為19世紀中葉所建，近7萬平方公尺的空間設有100多個陳列室。博物館正門8根堅實的羅馬柱，華麗而精美，每根圓柱頂端三角形上巨大的浮雕氣勢恢宏地俯瞰著大地，令人有豁然開朗之感。博物館整體建築為典雅的古希臘風格，藍天白雲下，頗有古風。

古典遇到現代會是什麼？羅浮宮與玻璃金字塔；大英博物館與中庭，便是很好的說明。如若沒有玻璃金字塔，羅浮宮稍顯古板；如若沒有中庭，大英博物館則顯單調。中庭是大英博物館的中心，頂部是由1656塊形狀奇特的半透明玻璃片構成，彼此交錯的條紋把陽光分割成為大小不等的稜格狀影像，庭中光影迷離，真有時空交錯之感。倫敦多陰雨天氣，雨天參觀大英博物館是個不錯的選擇。雨滴垂到玻璃片上，滴答作響，「雨打芭蕉」的清脆很是符合遊人的心情。古老的歷史在陰鬱的天氣中更有魅力，稍許發霉的味道才是它們真實的感覺。

❀我們未必懷古，但是不得不承認博物館建築採取古式更有說服力。古老的藏品理應放入古老的世界。

✳ 大英博物館的中庭如一把絢麗的大傘將濃郁的古典建築籠罩其中。

有人說大英博物館有著無可描述的傲然氣派，此言一定源於館內那些舉世無雙的藏品。大英博物館有10個分館：古近東館、硬幣和紀念幣館、埃及館、民族館、希臘和羅馬館、日本館、中世紀及近代歐洲館、東方館、史前及早期歐洲、版畫和素描館以及西亞館。不說分館的數量，單說分館令人眼花繚亂的名稱，就足以說明藏品的極度豐富，時間跨越古今，地域遍布全球。曾經的「日不落帝國」在大英博物館還能找回往昔的霸氣與榮耀，不知這是幸還是不幸？

大英博物館最負盛名的收藏是古埃及藝術品，數量僅僅次於埃及博物館。如著名的羅賽塔石碑、亞尼的死亡之書、拉美西斯二世的胸像等，這些可謂古埃及藝術中最傑出的作品，神秘魅惑的埃及文明在人類歷史發展中閃爍著自己獨特的光輝。《羅浮魅影》中羅浮宮沉睡的木乃伊在詛咒擾亂它睡夢的所有人，也許埃及法老的咒語也在大英博物館內漂浮，下一個會是

誰呢？希臘羅馬時期的雕塑也是大英博物館中的一大亮點，命運三女神雕像群、帕德嫩神廟建築遺跡……當雅典文明鼎盛之時，一定未曾想到自己的神廟會移至別國。

✣博物館門口的現代雕塑。

漫步在中國展廳，就像穿越中國上下五千年文明隧道，從遠古時期的石器、陶器到中國近代的瓷器、工藝品，幾乎囊括中國各個朝代各類精品。33號展廳是專門陳列中國文物的永久性展廳，顧愷之的《女史箴圖》、宋羅漢三彩像、敦煌經卷和宋明畫卷，都陳列於此。甚至連博物館後門的兩隻大石獅也是來自中國。大英博物館是收藏中國文物最多的博物館，歷代稀世珍寶達2萬多件。中國浩瀚的文明征服了世界，可當置身於中國展廳時，你會聽到自己心碎的聲音。一位中國學者在走出大英博物館時，掩面而泣，其中的酸楚唯有中國人自己明瞭。

埃及文物館、希臘羅馬文物館和東方藝術文物館最為引人矚目，由此而來的對於大英博物館的批評聲不絕於耳。近代大英帝國的觸角深入這些地區，狂風般捲走了本來屬於這些土地的寶物。而今這些國家與地區的人們只有前往大英博物館才能隔窗一睹自己國家寶物的尊顏，令人唏噓。

以中國為例，當顧愷之的《女史箴圖》掛於大英博物館時，在中國的土地上只能看到它的仿品。當世人為敦煌飛天的優美沉醉不已時，大家只能在敦煌莫高窟看看殘缺的壁畫。現在這些國家向大英博物館提出歸還文物的請求，遺憾的是並沒有結果。而今只能願大英博物館能永遠善待這些藏品，當然更寄望於這些藏品能夠以合法、合情、合理的途徑返回自己的故鄉。

除卻那段腥風血雨、掠奪征殺的歲月，大英博物館是必須存在的，人類需要這麼一處地方，將人類古老的文明陳列。來大英博物館吧，這裡會讓你心潮澎湃，亦會讓你黯然淚下，此處是對文明的緬懷。

✣大英博物館的中庭，頂部交錯的玻璃將空間演繹得迷離而虛幻。

Uffizi Gallery
烏菲茲美術館

· 醉人的芬芳

佛羅倫斯被譽為鮮花之城，花團錦簇中宅影重重，暗潮湧動，曾流傳著無數動人的故事。那裡的每一座建築物都是一件藝術品，身後均有著鮮為人知的傳說。烏菲茲美術館便是這眾多藝術寶藏中的一朵奇葩。

❊「隨風潛入夜，潤物細無聲」恐怕是對美術館功用最精確的概括。

佛羅倫斯被譽為鮮花之城，花團錦簇中宅影重重，暗潮湧動，曾流傳著無數動人的故事。那裡的每一座建築物都是一件藝術品，身後均有著鮮為人知的傳說。烏菲茲美術館便是這眾多藝術寶藏中的一朵奇葩。

如同飽經風霜的千年老樹，一圈圈年輪無言地訴說著它曾經純真的過往。烏菲茲美術館四五百年的悠長歷史更述說了一個傳奇。是什麼能讓它流傳至今，經久不衰？是因為收藏其中的名師畫作。美術館不同於普通的物品展覽，陳列、展覽並不是它的唯一功用，還具備知識傳承與創新，文化收藏與傳播的特殊精神價值。在美術館中沐浴藝術的光輝，卑微的人會變得崇高，貧乏的人會變得豐富，猶豫不決的人會走向堅定執著……所有的一切，都源於文化對人的重塑作用。它對來訪者的影響不著痕跡，於潛移默化中融入於無形，又如絲絲細雨滋潤了人的心田。

烏菲茲美術館雖年事已高，卻老當益壯，煥發著青春活力，敞開懷抱歡迎八方來客。每一個熱愛藝術的人、懷揣夢想的人在這裡往往都能找到屬於自己的天堂。這一切源自美術館所珍藏的名家真跡。在傳世不朽的藝術珍品面前，他們無不誠惶誠恐地懷著虔誠的心情欣賞膜拜，別出心裁的看法和見解油然而生。一百個人讀莎士比亞，就有一百個哈姆雷特。此言不虛，每一個走進美術館的人都會滿載特別的收穫而去。可是，當你做好心理準備，逐步走進這個藝術殿堂時，走進那個如雷貫耳的「U」字形建築時，所有的幻想都變得真切起來，帶給你超乎尋常的驚奇和震撼。那是未曾有過的、無以言喻的感覺。於是，令人不知不覺間驚詫於這一潭美不勝收的碧波蕩漾，沉浸其中而不能自拔。

達文西、米開朗基羅、拉斐爾、波提且利……屬於烏菲茲美術館的一個個響亮的名字，義大利、西班牙、德國、荷蘭……各國藝術作品彙聚融合的領地。在這片沒有國界的領土上徜徉，心神遊蕩，駐足凝視或不經意間地回眸，都能令思緒飛揚，一直飄向無法複製的過往和難以預知的未來。

❊烏菲茲美術館外的大力神雕像。

搜索地標：梵蒂岡聖彼得大教堂北面

The Vatican Museum

梵蒂岡博物館

雲端的永恆

歌德曾說：「沒有到過西斯汀禮拜堂的人，無法了解一個人所能做的事。」西斯汀禮拜堂和拉斐爾畫室是博物館的鎮館之寶。

帝之國梵蒂岡沒有俗世的喧囂，0.44平方公里的國土上凝聚了全世界的聖潔與奢華。沒有人否認它的神奇，尤其當你走進世界上最早的博物館——梵蒂岡博物館。

上下兩千年的梵蒂岡博物館藏品浩如煙海，傲視歐洲。置身於梵蒂岡博物館，時空交錯，中世紀濃重的奢華氣息層層疊疊。羅丹、米開朗基羅、拉斐爾……無數雲端的名字成為眼前真實的存在。直面藝術，品味其中隱含的歷史情結。

歌德曾說：「沒有到過西斯汀禮拜堂的人，無法了解一個人所能做的事。」西斯汀禮拜堂和拉斐爾畫室是博物館的鎮館之寶。米開朗基羅用畢生精力寫就了梵蒂岡的神話：上帝真的存在，就在天頂之間。

梵蒂岡博物館是一次醇美的朝聖之旅，永恆為何？在這裡你將找到答案。

❋《創世紀》流光溢彩的綻放在天頂之上，《末日的審判》點滴間充斥著陰沉，讓我們深切感到天才的魅力。（左圖）

❋典型的歐洲宮廷式建築，九曲十折，幽深靜謐。（右圖）

Centre Georges Pompidou

龐畢度國家藝術和文化中心

現代藝術殿堂

這座未來風格的建築就像一個奪目的寶石，鑲嵌在巴黎。如果說羅浮宮代表了古代法蘭西文明，那麼龐畢度國家藝術和文化中心就代表了現代藝術。

縱橫的玻璃管道、碩大的玻璃牆、錯綜的鋼鐵支架、扭曲的線路，明明是一座化工廠的構造，卻成為了現在巴黎的象徵，這就是以法國總統龐畢度名字命名的龐畢度國家藝術和文化中心。宇宙是藝術，宇宙中充滿了和諧，龐畢度國家藝術和文化中心處處皆藝術。玻璃管道中的自動電梯來來往往地將遊客送往每一個展廳，現代藝術就濃縮在那一方並不大的天地。

這座未來風格的建築就像一個奪目的寶石，鑲嵌在巴黎。如果說羅浮宮代表了古代法蘭西文明，那麼龐畢度國家藝術和文化中心就代表了現代藝術。文化中心中畢卡索、布拉克、康丁斯基、馬蒂斯、米羅、達利、杜象等人的野獸派、立體派、超現實派作品已成為世界美術史上的經典。扭曲的表情、拼湊的肢體、迷離的畫布、醜陋的雕塑……曾經的荒誕不經，正在改變著我們的生活。

現代藝術經歷時間的洗禮正在證明它的價值，龐畢度國家藝術和文化中心是它的故土。

🎋 作為「國家現代藝術博物館」，龐畢度國家藝術和文化中心從內部到外部的設計，都完全具體實現了「現代」二字的含義。

搜索地標：德國慕尼黑以南

Neuschwanstein Castle

新天鵝堡

白雪公主城堡

新 天鵝堡是有靈性的，彷若清晨梳洗完畢的白雪公主，不染凡間煙火；又似滑翔的天鵝，飄然於半空，只可遙望；更似縹緲的仙樂，餘韻轉還，絲絲生情。此處讓人浪漫，讓人多情，讓人不忍離去。

古 堡迷情，德國古堡密布，癡情故事亦是無數，其中最為著名的便是新天鵝堡和路德維希二世。新天鵝堡又名白雪公主城堡，優雅的坐落在阿爾卑斯山脈間，無言的演繹著國王對美的極致追尋。

新天鵝堡絕美的背後是一個年輕國王的悲劇。路德維希二世渾身瀰漫著藝術家的氣質，天真純潔，耽於夢想，喜愛詩歌，熱愛音樂。他迷失在華格納的歌劇中不可自拔，只是他們之間的友誼並不被他的子民看好。華格納被迫遠離慕尼黑，只留下孤獨的路德維希二世繼續歌劇中的角色。

路德維希二世自小跟隨表姊茜茜公主生活，15歲時表姊遠嫁奧地利，茜茜公主轉身之間留給年少的路德維希二世無限的惆悵。之後他曾經宣稱自己找到了一生感情的歸屬，只是舉行婚禮的前夕他突然宣佈解除婚約，此後一生未娶。

面對紛雜的政治密謀或人身攻擊，他無力對抗；無法改變的地位和頭銜讓他孤寂無援，感情之路又是那麼坎坷不平。他把自己丟棄在巴伐利亞山區，醉心在音樂藝術和華麗城堡的虛無生活中，沉

❀城堡內天鵝造型的門把手，精緻細膩。

浸在華格納的童話世界中，他將全部精力都投入到夢想中的新天鵝堡，那是他的夢，一個專屬美的夢。年輕的國王在未完成的城堡內僅僅居住了170多天，想必那是他一生最快樂的日子。1886年6月12日年僅41歲的國王在最後一次視察自己的童話世界後對僕人說：「好好為我照顧這些房間，不要讓它們被好奇的參觀者汙穢了，我在這裡花費了一生中最嚴峻的時光——我不會再回到這裡了！」他果然沒有再回來，之後在湖中發現了他的屍體。而5天前，他的家族剛宣佈路德維希二世患有精神病。路德維希二世死後新天鵝堡工程也隨之停工。直到20世紀60年代，依然有很多人斥責修建新天鵝堡是無比愚蠢的行為。如今路德維希二世的夢成為現實，卻更令人唏噓。

　　新天鵝堡是一座全部由石頭修建的城堡，坐落在天鵝湖邊大約300公尺高的山上。青巒疊嶂之間，石山高原之上，白

❉路德維希二世以華格納的《天鵝騎士》為靈感，構想了白雪公主居住的地方。他請來劇院畫家和舞台美術設計師設計城堡，把自己一生的理想融入其中，極致地夢幻，極致地美麗。

牆藍頂的城堡輝映著金色的陽光，背面清澈透明的湖水，
絲絨般平滑的水面，彷若一幅尚未乾透的水粉畫。

　　最美不過夕陽西下，濃紫色的夕陽灑落城堡滿滿的陽
光，湖面層層疊疊的顏色推向天際。燦爛光輝中，城堡噴
薄而出，你會懷疑自己的眼睛，無法相信路德維希二世真
的讓童話駐足。你想投入其中，卻又不忍前行，就那麼看
著看著，心中蕩起陣陣漣漪，年少的夢也是如此吧！

　　新天鵝堡充滿了路德維希二世的藝術家氣質：鋪張而
絢麗。置身其中，你會想到靜謐、幽雅、安寧、精美等等
詞語，但是沒有一個能夠完全描繪新天鵝堡給人帶來的視
覺或者心靈的衝擊。城堡內的陳設處處浮現著天鵝的身
影。天鵝頭和脖子造型的門把手，一尊用白色大理石雕刻
的天鵝，口中有流水輕響，栩栩如生。尤其是國王臥室30
平方公尺之地每個角落都雕刻有造型複雜的天鵝。天鵝展
翅欲飛的身影頗為城堡增添了不少夢境之感。也許一切裝
飾與擺設都在等待國王和華格納來喚醒它們。

　　新天鵝堡內最能具體實現藝術主題的是宗教大廳、音
樂大廳和國王臥室。但是最為輝煌的是帝王大廳，15公尺
高的天花板將藍色蒼穹搬入室內，浩瀚宇宙中點點星辰追
尋太陽的足跡。地板由馬賽克鋪就為地球形狀，植物蒼
茫、動物靈躍，厚實的大地就在腳下。天地之間巨大的王
冠形燈飾垂墜於大廳中央，96支燭光閃爍迷離。無限世界
就這樣凝縮在有限空間內。

　　新天鵝堡是石頭文化，國王臥室側面居然是人工雕琢
的鐘乳石洞，小瀑布灑落水絲無數，水花飛起，叮咚作
響。路德維希二世將想像發揮到極致，曾設想在這裡加入
當時最先進的電光設備。城堡內水道環繞，自成體系，利
用自然的水壓從蓄水池內供應全城堡用水，這在當時亦是
無法想像的。

　　離開新天鵝堡，一些失落浮上心間，是悲憫國王過於
浪漫的氣質還是扼腕城堡未能完美地具體實現？無法言
說，就像城堡中天鵝，為何總有些憂傷？為何舒展的雙翅
總是飛離不了束縛？有些東西離開夢想就無法存在，新天
鵝堡就是這樣吧，路德維希二凹一生追尋的夢在新天鵝堡
自由飛翔。

　　你的新天鵝堡在哪呢？你會為它付出什麼？你能為它
付出什麼？

❀ 遠遠望去，雲海茫茫，樹木繁茂，只見高
低錯落的塔尖在林葉間若隱若現，像風中仙
子般如夢如幻。

搜索地標：法國中部羅亞爾－謝爾省

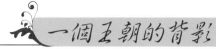

Chambord Chateau

香波城堡

一個王朝的背影

維克多‧雨果這樣描述香波城堡：「這是一座由仙女和騎士構成的宮殿，包含著一切神奇，一切詩意，一切瘋狂。」

✱香波城堡是一個融合了傳統法國中古時代的形式與古典義大利的法國文藝復興建築。

——片林海，一池湖水，一襲倒影，在法國香波市有一處詩意所在，這就是羅亞爾河左岸的香波城堡。近600年的歲月，香波城堡雍容依然，尊貴依然，就像久居的仙女將自己的絕世風采隱於疊疊林蔭中。維克多‧雨果這樣描述香波城堡：「這是一座由仙女和騎士構成的宮殿，包含著一切神奇，一切詩意，一切瘋狂。」

香波城堡將中世紀的傳統風格和義大利式的古典結構完美的融合為一體。下部簡約的結構只是簡簡單單的長方形堡壘，上部華美的哥德式塔尖密集輕盈挺拔。優雅的拱頂圓潤有致，精美的藻井雕花走紋。樸素和繁雜在這裡形成極大的反差，就像一個頗具風韻的少婦，還未脫盡少女的青澀。香波城堡被譽為建築史上的孤品。

香波城堡本來是魯瓦伯爵的狩獵場，因為愛上住在這裡的一位姑娘，法蘭西斯一世便將其買下。法蘭西斯一世在《鬱金香芳芳》中是一位貪圖享樂的國王，其實他是一個英明有作為的君主，因為迷戀文藝復興風格，於是請來達文西設計城堡草圖。為了籌措資金，法蘭西斯一世不惜下令砍掉兩片著名的森林，甚至動用教會財富。可惜他有生之年只看到了城堡主體的完工，直到150年後路易十六時期香波城堡才竣工。有人說香波城堡是一個王朝的背影。城堡內裝飾並不奢華，多為肖像畫和綴滿歷史的織毯，號角聲聲，

殺聲陣陣，兩軍廝殺在茫茫原林中，依稀可見法蘭西斯一世率兵作戰的英姿。

香波城堡內最有特色的設計是兩組獨立又相互交錯的雙螺旋梯，傳言是為了避免王后和國王的情婦狹路相逢。香波城堡又名香堡，似乎從建造者開始這裡就與香艷故事有著無形的淵源。香波無邊的森林與蜿蜒流過的羅亞爾河，皇族貴戚都喜歡在此流連。路易十三、路易十四、路易十五等在此尋歡作樂，忘記了江山大計。

法國大革命後，香波城堡猶如沒落的王族，幾次洗劫，給香堡增加了些許愁怨。來這裡不妨住上幾天，不然只是浮光掠影，不得其味。落日中的香波城堡神秘幽靜，彷若繁華與它無關。空氣中瀰漫著香草和森林的幽香，遠處鐘聲迴盪，如夢如幻。

✷ 城堡既有中世紀要塞的雄偉壯闊，又有義大利文藝復興的豐富內涵。

London Tower

倫敦塔·封存的血腥歷史

倫敦塔凝聚了英國近千年的歷史，只是歷史的塵埃沉重而苦味，曾經無比尊貴的王室成員轉眼之間階下喪命的悲慘依然清晰。也許那個年代的血腥殘暴已經被封存到每一塊石頭、每一個台階、每一粒塵土中。

❋作為城堡、王宮、監獄的白塔，由乳白色的石塊砌成，在城堡中占有最中心和最重要的位置。

歷史長河蕩滌了古往今來的人或事，卻無法湮滅當時的物與景。遊走在遺跡間，難免有物是人非之感。近千年中角色幾經變換的倫敦塔，此感尤為濃重，散不去的悲涼在倫敦塔上空，久久瀰漫。

倫敦塔凝聚了英國近千年的歷史。11世紀末，征服者威廉下令在全英格蘭大地上修建堅固的城堡以鞏固自己的統治，於是泰晤士河畔矗立起幾座高高的白塔。這座諾曼底式的城堡群後來成為英國的「故宮」，數代英倫國王在此指點江山，揮灑激情，只是鐫刻在倫敦塔上的是王室成員爾虞我詐、爭權奪利、互相傾軋的血腥與殘暴。17世紀最後一位在此居住的詹姆士一世謝世，結束了倫敦塔作為英國王宮的歷史。不過倫敦塔瀰漫的血腥並未就此消逝。

　　倫敦塔之後的功用幾經變化：英國唯一的造幣廠、儲備武器的軍械庫、保存法庭紀錄的公共檔案辦公室。倫敦塔地下室內珍藏了英國歷代國王的王冠，如3000顆寶石熠熠生輝的「帝國皇冠」；重達530克拉的「非洲之星」……但倫敦塔最著名的標籤便是關押最危險敵人的國家監獄。當時英國不少王公貴族和政界要人都曾被關押在這裡，以至於後來「Sent to the Tower」成為了英國一條諺語，即「入獄」。

　　倫敦塔注定與華麗無關，塔體由肯特石灰岩砌築，白色花崗岩修飾，沒有炫目的裝飾，有些淒涼的白色在煙色的倫敦天空下清冷無助。高聳的錐形塔樓警惕地巡視著四周，封閉禁錮的建築形象預示著君臨天下的威嚴與氣概。周遭眾多同樣風格的塔樓歷經了幾個世紀才建成。其實倫敦塔的面積並不大，沒有宏偉的氣勢和金碧輝煌的內飾，與法國王室宮殿相比，簡直毫無王者風範。即便如此，在英國人心目中，倫敦塔位置絲毫不亞於白金漢宮。白金漢宮代表著輝煌與高貴，倫敦塔則是苦痛與掙扎。

　　倫敦塔外護城河圍繞，獅塔遊蕩著國王豢養的猛獸，獅子、熊、獵豹和狼。凶狠的目光，狂野的吼叫，令人望而卻步，以展示著王室的尊嚴和國王的威望。1834年，野獸們被送往動物園。

✱曾囚禁過英國歷史上許多王公貴族和政界名人的倫敦塔監獄。

　　倫敦塔外的塔山是血腥的斷頭台，從倫敦塔建成之日起，就有無數冤魂葬身於此。如今在它的地下土牢內各種殘酷的刑具依存，每個上面都布滿了血腥。血腥的倫敦塔內冤氣太重，於是關於塔內鬼魅的傳說日益變得真實，難道倫敦塔內真的有冤魂在遊蕩？

　　伊麗莎白一世的母親，亨利國王的第二位王后安妮是倫敦塔內第一位顯赫的受難者，她的罪名是通姦罪，雖然她很可能是無辜的。垂死的王后只有一個要求：用劍而不是斧頭。她的丈夫答應了她最後的請求，專門從法國請來劍客負責行刑。遠道而來的劍客帶來一把無比鋒利的長劍，「我很

❀倫敦塔裡的渡鴉世世代代成為被籠絡的嬌寵客人，現在，牠們被稱為倫敦塔「最後的囚徒」。

❀倫敦塔演繹著人世間多少故事，只能靠時間去揣摩。（右圖）

滿意，因為我有一個纖細的脖子。」這是安妮王后最後的話語。之後，就有人看到安妮王后一襲白裙遊蕩在塔內，腋下是她滴血的頭顱。1541年5月28日亨利八世為了掃清障礙，將年近七旬的老公主瑪格麗特女伯爵送上了斷頭台。女伯爵生性剛烈，當要行刑時，她不僅不肯跪伏還拔腿逃跑，最後死於劊子手的亂刀之下，極為淒慘。之後，每年的5月28日，亂刀之下的女伯爵淒厲的叫聲迴響在塔內，令人不忍聽聞。

夜晚兩個穿睡衣的小孩手牽著手在倫敦塔迴廊旁玩耍，月華明亮，卻沒有他們的影子垂下。1483年愛德華四世去世後，他的兩個兒子愛德華五世和弟弟約克公爵例行在塔內等待加冕時失蹤，直到200年後才在塔內磚石下發現他們的遺骸。王位爭奪並不會放過無辜的孩童，生於王室，對他們來說，幸抑或不幸呢？懵懂中喪命，也許兩個孩子牽手睡在了月色中。

如果要為倫敦塔內的冤魂拉個名單，也許故事就無法結尾。英國學者曾經攜帶最先進的儀器在倫敦塔內試圖「捉鬼」，結果並未找到任何鬼的蹤跡。儘管如此，英國人仍然確信倫敦塔內藏匿有科學之外的秘密。這是一個永遠沒有答案的命題。

走近倫敦塔，撲面而來的塔身令人壓抑窒息，幾隻渡鴉盤旋在上空。順著石階走進塔內，時間沉澱下來的遺跡、暗沉的光線、冰冷潮濕的空氣、偶爾吹過的陰風，令人毛骨悚然。雜亂的囈語、低垂的哭泣、飄過的白色或綠色影子……你想逃離哀傷恐懼之地，卻無力移動腳步，遠處的黑暗在呼喚著你。

倫敦塔凝聚了英國近千年的歷史，只是歷史的塵埃沉重而苦味，曾經無比尊貴的王室成員轉眼之間階下喪命的悲慘依然清晰，也許那個年代的血腥殘暴已經被封存到每一塊石頭、每一個台

階、每一粒塵土中。

　　現在倫敦塔內沒有了殘殺，但是13世紀即在此居住的渡鴉，在目睹了無數苦難之後羽毛鮮亮的在倫敦塔頂昂首闊步。渡鴉已經成為倫敦塔最受嬌寵的常住客，有著偶像般的待遇。相傳如果渡鴉離去，倫敦塔就會倒塌，厄運便會降臨英格蘭。渡鴉全身黝黑的羽毛，更為白塔增添詭異色彩。

　　英國人捍衛傳統，倫敦塔衛兵身著傳統的制服，頭戴高高的黑色熊皮帽，一絲不苟的履行職責。每晚十點是古老的鎖門儀式，看守長在4名衛兵的護送下由外向裡將大門逐一鎖上。倫敦塔夜間不允許出入，無論什麼理由。回到內城後，一名持劍的軍官向看守長挑戰，衛兵們亮出武器，而看守長手舉都鐸式的帽子高呼：「上帝保佑伊麗莎白女王。」一名號手吹響了綿長悠揚的點名號，號聲穿越了倫敦塔近千年苦澀的歷史。

　　也許，倫敦塔內封存的不僅僅是英國古老的王室歷史，這是西方文明進程中的洶湧波濤。遊蕩的冤魂在哭泣，而陽光卻灑不進塔內。

✳ 現代的倫敦城，在夜幕中早已隱藏了倫敦塔的一切，留下的只有絢爛和繁華。

搜索地標：蘇格蘭

Edinburgh Castle

愛丁堡城堡

蘇格蘭的精神象徵

對於蘇格蘭而言，愛丁堡城堡就像那不可或缺的蘇格蘭短裙，它的過往承載了蘇格蘭動盪的歷史和不屈的抗爭。

城堡意味著故事，愛丁堡城堡一色的灰岩高牆聳立在海拔135公尺的死火山岩頂上。它的歷史可以追溯到西元前850年，而它的誕生只為了阻擋外敵的入侵，英格蘭和蘇格蘭之間的血雨腥風成就了愛丁堡城堡的光榮歲月。

愛丁堡城堡粗獷儉樸，就像一個威嚴的家長，守護著蘇格蘭最後的抗爭，再加上三面懸崖這樣的天然屏障，城堡就固若金湯了。不見天日的地下監牢、迷宮般的迴廊、牆上的血跡和抓痕、沉寂的火砲、不時呼嘯而過的冷風，城堡的每一個角落都有戰爭年代的烙印。愛丁堡城堡曾經是英格蘭皇族數百年的權力集中地，「血腥瑪麗」曾在這裡翻雲覆雨，如今權力的爾虞我詐煙消雲散，空留城堡沉吟一笑。

對於蘇格蘭而言，愛丁堡城堡就像那不可或缺的蘇格蘭短裙，它的過往承載了蘇格蘭動盪的歷史和不屈的抗爭。湛藍的天空下，愛丁堡城堡屹立在愛丁堡的最高點，平和優雅地、心安理得地享受著蘇格蘭人的仰視，憑著神秘直到永遠。

✽居於制高點的愛丁堡城堡，俯瞰著整座城市，猶如衛兵般守護著家園。

*B*ran Castle
德古拉城堡

吸血鬼的老巢·

城堡得名於弗拉德·德古拉，他成就了國家的獨立與輝煌，也讓人們記住了他的殘忍和粗暴，尤其是炮烙的木樁刑。釘死在木樁上的人無法統計，城堡內雖然沒有成堆的雞毛鴨血，但是無數的冤魂盤桓在德古拉城堡。

吸血鬼集中了西方所有的可怕想像。《夜訪吸血鬼》中湯姆·克魯斯與布萊德·彼特蒼白的臉頰和深邃的眼眸將吸血鬼演繹得幽怨鬼魅，而吸血鬼的老巢就是德古拉城堡。怨恨與死亡，德古拉城堡經歷時間的沉澱依然有一種神秘而慘烈的味道。

德古拉城堡地勢險要，居高臨下地監控著四周的一舉一動。在過去，進入城堡的唯一通道是一條繩索，孤獨地垂於崖壁之下。德古拉城堡沒有窗戶，空氣潮濕，陰氣森森，彷彿走入古墓之中，令人陡生寒意。此刻，也許吸血鬼就在某個角落的棺材裡養精蓄銳。

城堡得名於弗拉德·德古拉，他成就了國家的獨立與輝煌，也讓人們記住了他的殘忍和粗暴，尤其是炮烙的木樁刑。釘死在木樁上的人無法統計，城堡內雖然沒有成堆的雞毛鴨血，但是無數的冤魂盤桓在德古拉城堡。弗拉德·德古拉在人們口耳相傳中成了嗜血的吸血鬼，出沒在漆黑的夜晚。

其實，如今的德古拉城堡早已被改造成了歷史、藝術博物館，館中收藏著各個時期的物品。

然而，不論是什麼樣的藏品，都會讓人聯想到「吸血鬼」的恐怖身影，或者是弗拉德·德古拉統治下的血雨腥風。這個另類的古堡，本身就是一部撩人心弦的神秘寶盒，無數人被它吸引著，去揭開它那神秘的面紗。

Chapter5

別様風情

希臘神話的影響

❉畫中的維納斯與邱比特會以各種形式出現。

❉名畫《邱比特的初吻》。

　　古希臘是西方文化的發源地和搖籃，在這片沃土的滋養下，西方文化的前身——希臘神話衍生發展。人們口頭創作了希臘神話，口耳相傳，代代承繼，不時地有所創新，對之後的文學、藝術、歷史等領域影響深遠，貫穿至今。

　　文學作品中在描述青年男女相戀時，往往離不開一個詞——邱比特神箭。是誰射出了邱比特神箭？又是誰中箭後就此沉淪？這個小小的箭引申帶出了神話中愛神的影子。相傳愛神邱比特是一個頑皮異常、長有天使翅膀的小神。一對青年男女一旦中了他射出的箭，就會陷入愛河不能自拔。邱比特神箭的涵義也被富於想像力的後人闡發開來，引入紅塵俗世的戀愛婚姻中，充滿喜慶的意味。

　　維納斯是羅馬神話中愛與美的女神。藝術大師波提且利的《維納斯的誕生》形象地表現了女神誕生時嬌羞萬狀、左顧右盼的神韻，少女維納斯從海中的泡沫中孕育成熟，剛躍出水面，便赤裸著身體輕飄飄地落在了一個荷葉狀的貝殼上，被飛翔在玫瑰花雨中的風神吹拂著送到岸上。她身材修長勻稱，苗條卻不顯單薄，金黃色的頭髮隨風輕輕舞動，柔和地撫摸著她的肌膚，呈現出稚嫩與成熟合二為一的氣質。四季女神張開了淺紅色斗篷正要覆蓋到她的軀體之上。畫作所描繪的她婀娜多姿的身影和清新的容顏都不禁令人怦然心動。

　　特洛伊之戰是希臘歷史和神話完美融合的典範。從歷史中的一次真實的戰爭事跡到大型的史詩作品《伊利亞特》，再到神話中眾女神因私人恩怨洩憤最終毀滅特洛伊城的傳說。這場戰爭也因此具有了浪漫主義色彩和無數神秘氣息，智慧的勞動人民將歷史、神話和諧地糅合在一起，塑造了一個不滅的戰爭傳奇，至今仍被人們津津樂道。由此，特洛伊城也成為遊客前往土耳其非看不可的遊覽勝地之一。

　　希臘神話對後世的影響，更多地滲透進西方文化並表現出來。不論是人文藝術領域的希臘古代文學、哲學、宗教繪畫中，還是建築藝術中的底比斯城、克里特島上的建築、特洛伊城等聞名世界的古城遺址，無不閃現著神話故事的非凡魅力。

✤波提且利的名作《維納斯的誕生》。

2 重返文藝復興

　　當封建王權和神權勾結，編織大網覆蓋歐洲大陸上空的時候；當湛藍的天空從此陰雲密布，不見天日時；當人們身處黑暗，遙望卻沒有盡頭時，社會變革的契機一直在醞釀著……直至平地一聲驚雷起，刺目的閃電剎那間劃破了天際，沉沉天幕的一角被撕開。一絲曙光微露，射向大地，開啟了一次循環交替的新陳代謝。文藝復興運動興起於義大利，並以此為據點，向整個歐洲輻射擴張，由此帶來的深遠影響，亙古不息。

　　文藝復興運動最大的成果是人文主義，反對神權，肯定人權，反對禁慾主義，注重人性和人的尊嚴，並以此為契機，引起了科學和藝術領域的大變革。文藝復興所帶來的破除迷信、解放思想的熱潮帶動了天文學、數學、物理學、生理學、醫學、地理學、建築學等諸多自然科學領域和哲學、歷史等社會科學領域的理論創新和枝繁葉茂。這一時期的藝術謳歌了人的主體地位和人體的和諧之美。宗教禁慾主義被打破，人獲得解放，得到重生和自由。如果說這些都是抽象的，文藝復興時期的建築物一直作為實物流傳下來，捕捉任何一個西歐的城市的建築物，你很容易找到文藝復興的影子。

　　「那是最美好的時代，那是最糟糕的時代；那是智慧的年頭，那是愚昧的年頭」。最好的時代抑或是最壞的時代？任由後人評說。

✤但丁是義大利詩人，歐洲文藝復興時代的開拓者之一，其代表作品《神曲》對歐洲後世的詩歌創作有極其深遠的影響。此圖為但丁像。

3 狂野鬥牛

✤身著華美禮服的鬥牛士，
英武地進場。

✤古老的傳統仍在延續。

西班牙鬥牛歷史由來已久，鬥牛活動是西班牙的國粹，已有數百年歷史，而且在全國普及。

西班牙鬥牛，起源於西班牙古代宗教活動（殺牛供神祭品）。從13世紀西班牙國王阿方索十世開始，這種祭神活動演變為賽牛表演（真正鬥牛表演起源於18世紀中葉）。

在阿爾塔米拉岩洞中發現的新石器時代的岩壁畫中，就有人與牛搏鬥的描繪。據說，曾統治西班牙的凱撒大帝就曾騎馬鬥牛。在這之後的約600年時間裡，鬥牛一直是西班牙貴族顯示勇猛驃悍的專利項目。18世紀，波旁王朝統治西班牙，第一位國王菲利浦五世禁止貴族鬥牛，至此這一傳統的貴族項目才從宮廷來到了民間。

鬥牛在西班牙是一種產業，就業人數大約為20萬人。每年的鬥牛季節開始於3月底或者4月初復活節那天（星期日），結束於9月底的那個星期日，因為這段時間為西班牙的春季、夏季和秋季，天氣比較暖和。

西班牙鬥牛既粗獷豪放，又精巧雅致。它的粗獷使人們聯想起祖先的勇猛驃悍；它的精巧細緻，又使人們體驗到人類的聰穎與機智。

鬥牛的場面壯觀，格鬥驚心動魄，富有強烈的刺激性。
鬥牛是西班牙最具代表性的民間體育項目，代表著西班牙人
粗獷豪放的性格。鬥牛的魅力在於這是一種冒險的藝術，過
程充滿了驚險的血腥和美麗的崇高，鬥牛士與公牛之間的糾
纏不啻是一場華麗的死亡之舞。二者充滿矛盾，完美而又統
一。很多藝術家都從鬥牛表演中獲得了創作靈感，像畢卡
索、哥雅、海明威、比才等。

✤人與牛之間上演的最為精彩
的死亡舞。

西班牙鬥牛之所以經久不衰，並讓人們如癡如醉，其主
要原因在於它不僅表現出高超的藝術，而且代表了西班牙的
民族精神。鬥牛是一種高超的藝術展現，是人與動物之間力
與勇的較量。它是勇敢的象徵，更是英雄氣概的表現。這種
富有民族特色的「國粹」所蘊涵的深厚而獨特的藝術魅力，
至今仍狂熱地吸引著全世界成千上萬的觀眾。

4 縱情佛朗明哥

佛朗明哥舞最初源起於西班牙南部的安達魯西亞的吉卜
賽人，至今已有百餘年的歷史，如今已成為西班牙民間最具
代表性的舞蹈。

14世紀、15世紀，吉卜賽流浪者把印度踢踏舞風、阿拉
伯的神秘傷感風情融合在自己奔放的歌舞中帶到了西班牙。
這種集結數個民族藝術精華的舞蹈與西班牙當地富於拉丁民
族精神、熱情大膽的舞蹈藝術又一次融合，形成了今天的佛
朗明哥舞。佛朗明哥舞源自平民階級，在舞者的舉手投足中
表達出人性最無保留的情緒。吉他、響板、如風中蔓草似的
手臂、富於稜角的揚腕造型、迅速的原地旋轉和突發戛然而
止的動作，既有歐洲舞風的典雅、靈巧和傲慢，也有阿拉伯
舞蹈的誘惑、優美和感傷。吉卜賽人總愛說：「佛朗明哥就
在我們的血液裡！」的確，在我們這些異族人眼裡，「佛朗
明哥」就是吉卜賽，就是卡門，就是那些來自遙遠異鄉的，
美麗而桀驁不馴的靈魂。

✤狂野的佛朗明哥舞熱情而
奔放。

「佛朗明哥」不僅是歌、舞和吉他音樂的三合一藝術，
也代表著一種慷慨、狂熱、豪放和不受拘束的生活方式。

「佛朗明哥」一詞源自阿拉伯文的「逃亡的農民」一詞。
它的起源眾說紛紜，比較接受的說法是吉卜賽人從北印度出
發，幾經跋涉，來到西班牙南部，帶來了一種混雜的音樂。因

此，這種樂舞融合了印度、阿拉伯、猶太，乃至拜占庭的元素，後來又注入西班牙南部的養分，而居住在西班牙安達魯西亞的吉卜賽人（又稱佛朗明哥人），使其定型並揚名。

佛朗明哥舞原來是一種即興舞蹈。男子的舞蹈比較複雜，用腳掌、腳尖和腳跟擊地踏響，節奏快捷，女子舞蹈按照傳統，主要是顯示手腕、手臂和軀幹的文雅及優美。這些元素組合在一起，深切地傳達了吉卜賽人長久以來背井離鄉，四處流浪之際內心的悲涼與哀怨。透過表演，這個民族愛恨情愁、悲歡離合的歷史情緒，就像排山倒海一般，有股莫大的渲染力，輕易地擄獲在場觀眾的心。

吉卜賽人從小在佛朗明哥舞的環境裡長大，要說他們流著佛朗明哥的血液，甚至自稱「只有吉卜賽人才能真正跳好佛朗明哥舞」，這是很有道理的。吉卜賽人生活的顛沛流離、放縱與自由，使佛朗明哥舞呈現出自由、熱情和矛盾。

*佛朗明哥舞是最女人的舞，如同注入血液中的興奮劑般讓人熱血沸騰，隨樂而舞，隨舞而野。

在所有舞蹈中，佛朗明哥舞中的女子是最富誘惑力的。她不似芭蕾舞女主角那樣純潔端莊，不似國標舞中的女伴那樣熱情高貴。她的出場，往往是一個人的，聳肩抬頭，眼神落寞。在大多數雙人舞中，她和男主角也是忽遠忽近，若即若離。當她真的舞起來的時候，表情依然冷漠甚至說得上痛苦，肢體動作卻充滿了熱情，手中的響板追隨著她的舞步鏗鏘點點。

響板是佛朗明哥演出的必備道具，舞者手中響板的應和，表達的是男人與女人的對話。要把男人和女人的故事說得委婉動聽，藝術家的天分和人生經歷比技巧更重要，這也是為何很多佛朗明哥舞者年齡越大，跳得越有味道。對於此，你只能想到杜拉斯那句已被用濫的名言：「我更愛你那飽受歲月摧殘的容顏。」

5 汽車王國

德國有汽車王國之稱，德國的汽車占有量達62%，平均每7.5個工作崗位中就有一個和汽車相關。德國擁有大量國際頂尖品牌的汽車，許多大城市還設有汽車博物館。到德國旅遊，一定要去各個汽車博物館看一看。

位於德國南部的斯圖加特是德國最著名的汽車城，賓士、保時捷汽車的原產地都在這裡。走進設於賓士汽車總公

司的汽車博物館，從世界最早期的汽車至日本昭和天皇的座
駕再到最新款的跑車，均可在此看到。博物館中還有一些精
緻的機械器材展示，當然，這裡還出售各種與賓士汽車有關
的紀念品，遊客可以買來收藏。

✿德國馳名的汽車品牌——賓
士汽車。

　　賓士汽車博物館內收藏了很多過去使用的有紀念意義的
汽車和各種豪華汽車，還有很多賽車和破紀錄車輛的引擎。
在這裡人們還可以看到賓士初創時生產的被命名為「梅塞德
斯」的車。博物館內展覽內容豐富，除了汽車，還有船舶和
飛機，參觀之後，你一定會對支配著海陸空運輸的「賓士」
有更深的體會。博物館入口處出租德語和英語的導覽機，可
以邊聽邊參觀。

　　在保時捷總部後面，有一座外牆上掛滿了展示歐洲汽車
業發展史的建築，這裡就是保時捷汽車博物館。博物館內陳
列著19世紀末以來該公司生產的全部款式的汽車，這裡也是
欣賞老爺車的絕佳地點。

　　寶馬汽車（BMW）博物館位於慕尼黑奧林匹克塔旁邊的
寶馬公司總部大樓內，大樓的一、二、三層均為展廳，按照
年代陳列著不同時期的各類汽車。入口處有耳機出租，各個
展廳內還會播放相關的紀錄片。

✿德國汽車生產的現場。

　　福斯汽車博物館設在沃爾夫斯堡。沃爾
夫斯堡是著名的汽車城，福斯汽車集團的生
產車間占地面積總和相當於摩納哥公國的領
土，是世界上占地面積最大的汽車製造廠。

　　來到因戈爾施塔特的奧迪汽車博物館，
您將進行一次穿越時空的汽車工業世紀行。
汽車迷們將在此看到一輛汽車的整個生產流
程，看看一輛汽車是怎樣由1萬多個零部件組
裝而成的。

　　另外，呂斯海姆市是歐寶汽車製造廠的
所在地，在這裡可以看到世界上最現代化的
汽車製造廠。

　　悠久的汽車史和發達的汽車業成為德國
人的驕傲。所有的汽車博物館全都面向社會
開放，並且出售汽車模型。在德國，汽車不
僅是一種產業，更是一種文化。

6 慕尼黑啤酒節

✤啤酒節上身著傳統服飾的遊行隊伍。

慕尼黑啤酒節是世界上最大的狂歡節。在這個醉酒的狂歡節裡，200年歲月的沉澱沒有消減它的喧囂，卻更加放縱了它的狂野。狂歡中是極其純淨的快樂，沒有一絲雜念。

1810年為了慶祝巴伐利亞加冕王子路德維希和特雷莎公主大婚，人們湧上慕尼黑街頭，肆意的唱歌跳舞，痛飲清醇的慕尼黑啤酒，激情四射。此後每年9月的第三個星期六至10月第一個星期日就定為慕尼黑啤酒節，成為世界上最大的狂歡節。

慕尼黑啤酒節頗具古風，姑娘穿著艷麗的緊胸繡花衣裙，男士傳統的背帶短裝，傳統的長木板凳及長木桌，處處透露著濃郁的巴伐利亞風情。臨時搭建的奧古斯丁啤酒大

✤啤酒節上歡快暢飲的人們，場面極其熱烈。

棚，熙熙攘攘的人群，喧鬧的聲浪，曼妙的舞孃，熱情奔放的巴伐利亞啤酒女郎，還有那一杯杯蕩漾著白色泡沫的鮮啤酒，這裡沒有年齡、沒有國別、沒有距離。手舉特製的啤酒杯，隨意找個位置，一聲乾杯，幾句寒暄，彼此就可以海闊天空地狂聊。曾經的矜持和拘束早就拋到九霄雲外，興起之時桌子也成了舞台，手舞足蹈不亦樂乎。遇到熟悉的曲子，幾千人站在長凳上手牽著手，一起放聲歌唱。慕尼黑啤酒節，醉酒的狂歡節。

慕尼黑啤酒節只是一個純粹的民間節日，只有那些保留慕尼黑傳統釀造方法的優質慕尼黑啤酒才能成為啤酒節的主角。200年的傳統是巴伐利亞人引以為傲的，更是他們執著堅守的。民族的才是世界的，慕尼黑啤酒節就是證明。

身著傳統花裙的啤酒女郎，美麗又熱情，招呼著來自世界各地的遊人。

7 王室傳奇

存在抑或廢除？當世界已然民主共和時，王室的存在是否是時代的錯誤，公主抑或王子，當人們過於崇尚自由平等時，內心對此是否稍許留戀。

說起王室情懷，歐洲恐怕是最為濃厚的。民主革命發起地，卻擁有現今世界最多的王室群體：英國、盧森堡、挪威、瑞典、西班牙、丹麥、荷蘭、比利時、摩納哥、列支敦士登……還有流亡的義大利王室。400年時代轉換，王室貴族，前塵往事，幾許風雨，都付諸笑談中。王室權力雖然日漸流失，但是王室成員猶如墜入人間的精靈，依然享受著高不可攀的禮遇，他們是十字路口的特權階級，已然成為國家的象徵，成為一種傳統的延續。

英國王室是歐洲王室乃至世界王室的代表，84歲的女王成為一段不老的傳奇，對往昔歷史情懷的留戀，使王室文化深深浸潤進英倫人的心中。千年積澱的高貴優雅，所謂藍色的血液綻放著神秘的光芒，與庶民有別的韻味周身流轉。

雖然歐洲王室一直標榜著自己的與眾不同，而人們關注的更多是他們對童話的續寫，即使他們確實才華橫溢。現實版的「灰姑娘」成為人們津津樂道的街邊

英國女王就是英國王室一段不老的傳奇。

話題，從愛江山更愛美人的溫莎公爵到香消玉殞的戴安娜王妃，風口浪尖是王室無法割捨的為難。他們因責任而誕生，注定要奉獻他們的一生，他們的愛戀與喜怒哀樂。

傳奇在繼續，世界向左，王室向右。

8 格紋與風笛

✽正在吹奏風笛的蘇格蘭男人，身著蘇格蘭格裙是古老的傳統。

蘇格蘭傳統盛裝講究頗多：優雅的方格裙，漂亮的斗篷，黑毛高冠左邊插一支潔白的羽毛，腰前皮質寬腰帶，下垂一個大大的錢夾，白色的羊毛襪還有及膝的褲子。蘇格蘭格紋是其中的旗幟。蘇格蘭男人穿裙子傳統古已有之，近兩千年的時光雕刻了它的優雅內涵。

「蘇格蘭格紋，等於一部大英帝國的歷史」，1707年，蘇格蘭與英格蘭合併，蘇格蘭人堅持穿著自己的民族服裝——格紋裙，來反抗英格蘭的統治。1745年漢諾威王朝下「禁裙令」，企圖消滅蘇格蘭民族意識，蘇格蘭30年的不懈抗爭為自己贏得了穿裙的權力，捍衛了自己的民族尊嚴。

蘇格蘭格紋有著骨子裡的獨特風情，有的以大紅為底，典雅矜持；有的以墨綠為底，素淨淡雅。據說現在備案的格紋樣式不下千種，不同格紋有著各異的寓意。最初的家族格紋是氏族的象徵，方塊色彩之間就能看出家庭出生姓氏，如「紅＋綠」格紋，便代表著名的斯圖亞特家族。還有專為皇室成員設計的「皇家」格紋等等。

當蘇格蘭人身著優雅的方格裙跳起「辛特魯伯哈斯」，蘇格蘭風笛深長悠揚地飄落在天際，這是蘇格蘭的盛會。對於蘇格蘭民族來說，格紋與風笛已不僅僅是使用器物，更是民族的精神圖騰。

風笛是蘇格蘭不可或缺的樂器，本源自戰爭的音樂，如今卻是鉛華褪盡，從容不迫，氣定神閒。不同於愛爾蘭風笛，蘇格蘭風笛音色質樸乾淨，有些中國嗩吶的悠長和飄渺，一如蘇格蘭民族如泣如訴的歷史。

就像蘇格蘭格紋一樣，蘇格蘭風笛也曾被禁止。幾經破壞後，源自古羅馬的風笛如今已是蘇格蘭音樂的靈魂，不論典雅古曲、高昂戰曲抑或民族舞曲、結婚禮曲，蘇格蘭風笛中總有蘇格蘭民族特有的堅韌和快樂。傳說風笛是一種很難演奏的樂器，500個吹風笛的人中才會出一名風笛手。經歷歲

月變遷的風笛代代相傳，連接著的是代表蘇格蘭歷史的傳統文化。

一隊穿著格紋裙的男人，伴著蘇格蘭風笛《勇敢的心》如泣蒼涼的旋律，行進在蘇格蘭低地愛丁堡、北方高地及至群島，這就是蘇格蘭。

✤格紋與風笛是蘇格蘭民族永遠不變的執著。

 ## 9 普羅旺斯的薰衣草世界

普羅旺斯位於法國南部，從法國的其他很多城市都可以搭乘火車到達。這裡有明亮的陽光，有蔚藍的天空，有美麗的海岸線，有沁人心脾的花香，有風情萬種的氣候，有飽經滄桑的古鎮，有寂寞的峽谷，有蒼涼的古堡，有蜿蜒的山脈……這裡就是彼得·梅爾在《重返普羅旺斯》一書中寫的「普羅旺斯作為一種生活方式的代名詞，已經和香榭麗舍一樣成為法國最令人神往的目的地」。這種簡單無憂、輕鬆慵懶的生活方式每年都吸引了無數疲憊的都市人前往。

自古以來，普羅旺斯都是一片動盪的地區。這裡不停地上演著弱肉強食的悲劇。最初的普羅旺斯北起阿爾卑斯山，南到庇里牛斯山脈，包括法國的整個南部區域。戰亂一直充斥在這片土地上。直到15世紀初，普羅旺斯的首府艾克斯才逐漸建起了大學，設置了高等法院，成為普羅旺斯地區法制、政治和文化的中心。之後，普羅旺斯又被法國經過兩次界限劃分，終於在20世紀60年代，有了如今的普羅旺斯－阿爾卑斯大區。當遊客漫步在普羅旺斯的小鎮上時，總會發現一些古老的痕跡和戰亂帶來的憂傷。

普羅旺斯有著得天獨厚的自然條件。它是從地中海沿岸延伸到內陸的丘陵地區，中間還有大河流過。特殊的地理位置造就了普羅旺斯風情萬種的氣候，其中溫暖和煦的陽光就是普羅旺斯最大的特色。再加上迷人的維耶拉海岸線，從18世紀開始，這裡就成為皇親貴族、富賈名流最時髦的度假勝地。人們聚集在海灘上享受著溫暖的陽光，鹹濕的空氣，還

✤普羅旺斯早已成為一種生活方式的代名詞。

❋滿目的紫色和沁人的花香是普羅旺斯送給人們的最好禮物。

有遠處飄來的花香。沒錯，普羅旺斯也是薰衣草和向日葵的國度。每年7月，四處都瀰漫著薰衣草沁人心脾的香氣，還有漫山遍野開放的向日葵，裝飾著整個普羅旺斯大地。同時，具有「法國農場」之稱的普羅旺斯更是饕餮客的好去處。這裡美食最大的特點就是大量使用海鮮、時鮮蔬果、橄欖油、香料與大蒜五大項目。以新鮮、清淡、健康為宗旨，在法國美食中獨樹一幟。

此外，普羅旺斯還是個狂歡之地，2月有尼斯嘉年華、蒙頓檸檬節，7～8月有亞維儂藝術節、歐洪吉的歌劇節，8月普羅旺斯山區還有薰衣草節等。而在夏日，這裡就更加熱鬧了，四處都有音樂活動，如安提布的爵士音樂節、坎城舊城的音樂表演、海上煙火晚會等。

普羅旺斯，一個真正浪漫與激情的旅遊勝地。

10 最醇美的葡萄酒

法國是以葡萄酒聞名的國度，葡萄酒的工藝講究、品質優雅堪稱世間珍品，被世人奉為世界葡萄酒的極品。法國葡萄酒的釀造可追溯到西元前6世紀。當時腓尼基人和克爾特人首先將葡萄種植和釀造業傳入現今法國南部的馬賽地區，葡萄酒成為人們佐餐的奢侈品。後來到西元前1世紀時，隨著羅馬人大力推動葡萄種植業的發展，喝葡萄酒開始成為一種風氣。經過兩千多年歲月的洗禮，法國葡萄酒終於成為傳世經典。

法國擁有得天獨厚的溫帶氣候，有利於葡萄生長。從東到西、從南到北，葡萄種植園無處不在。但在不同地區，氣候和土壤也不盡相同，因此法國能種植幾百種葡萄（最有名的品種有釀製白葡萄酒的霞多麗和蘇維濃，釀製紅葡萄酒的赤霞珠、希哈、佳美和海洛）。

不同品種的葡萄以及不同土質上出產的葡萄所釀製的葡萄酒也有較大的區別。根據地域分布，法國葡萄酒大致可分為波爾多葡萄酒（西南部），勃艮第葡萄酒、安茹葡萄酒、香檳酒（東部），薄酒萊葡萄酒（中南部），普羅旺斯、羅訥河谷葡萄酒（南部），以及阿爾薩斯葡萄酒（東北部）。而每個區域的葡萄酒也都有近百個不同的品牌，其中最著名的當數波爾多、勃艮第葡萄酒和香檳酒；根據品種分，主要有白葡萄酒、玫瑰紅葡萄酒和紅葡萄酒，其中最重要的是紅葡萄酒。

葡萄酒早已成為一種文化和時代的象徵。

釀造葡萄酒是個複雜而又精細的過程。

此外，法國還擁有一套嚴格和完善的葡萄酒分級與品質管理體系。葡萄酒被劃分為4個等級：法定產區餐酒（AOC）、優良地區餐酒（VDQS）、地區餐酒（VIN DE PAYS）和日常餐酒（VINS DE TABLE）。按照這個分類，在品嚐葡萄酒時，也有所區別。如品嚐地區餐酒和日常餐酒時，紅葡萄酒的最佳品飲溫度在16～18℃，玫瑰紅葡萄酒是在14～15℃，而白葡萄酒則在12～13℃。

來到法國一定要嚐一嚐最為醇正的葡萄酒，這樣才不虛此行。

晶瑩欲滴的葡萄是做葡萄酒的原料，對於葡萄的選擇和種植是一門精深的學問。

11 法國大餐

✲剛出爐的新鮮而美味的
西點。

✲牡蠣是法國美食中從不缺
席的一位,來法國一定不能
錯過品嚐的機會。

　　法國是個崇尚美食的國家,法國人把烹調譽為「文明的無名先鋒」,稱「一頓餐比一首詩價值更高」,是西方唯一將「吃」列入文化的國家。

　　法國菜是世界三大美食之一,早在基督紀元初期,高盧的豬肉製品、鵝肝醬、奶酪就已傳到了希臘和羅馬。法國不僅擁有極其豐富的美食遺產,法國廚師還經常創造出不計其數的獨特美食。法國菜在材料的選用上較偏好牛肉、小牛肉、羊肉、海鮮、蔬菜、田螺、松露、鵝肝及魚子醬;而在配料方面則採用大量的酒、牛油、鮮奶油及各式香料;在烹調時,火候占了非常重要的一環,如牛、羊肉通常烹調至六七分熟即可;海鮮烹調時須熟度適當,不可過熟,尤其在醬料的製作上,更費工夫,其使用的材料很廣泛,無論是高湯、酒、鮮奶油、牛油或各式香料、水果等,都運用得非常靈活。

　　遊客到法國,絕對不能錯過這些著名的大菜,如鵝肝醬、海鮮、蝸牛、牡蠣等。品嚐鵝肝醬時,一般將其塗在烤麵包上,也有時放入鍋中進行烹調或將其塗在肉的表面。品嚐牡蠣,則在上面略加些檸檬汁和鹹味黃油一起生食,或與肉餡一同燒熟後食用。另外,還有一些傳統的菜餚,如蔬菜牛肉湯、勃艮第牛肉、生吃的韃靼牛肉配上第戎芥末、芥末血腸、野蘑菇小牛排、橘子醬鴨腿、梅第哈酒醬牛腎、白奶油醬魚等。此外,遊客還可以去巴黎吃紅酒燴野豬肉,在布列塔尼海邊品嚐一大盤海鮮,裡面有蜘蛛蟹、大蟹、對蝦、生蠔、淡菜,再加上一口發泡的冰鎮白酒,真是人間極品啊!

　　法國美食中,不僅有口感細膩的法國菜,還有能令人垂涎三尺的甜點,如覆盆子奶油布丁配黑醋栗利口

酒、檸檬肉桂蘋果餡餅、千層酥、草莓餡餅、蘭姆酒水果蛋糕、修女泡芙、咖啡脆核桃、高純度的可可豆與可可油煉成的法國巧克力等。此外，法國還有種類繁多的奶酪，依形態分有新鮮的、半硬的、硬的、藍梅的和煙燻的五大類，塗在麵包上吃非常香濃可口。說起法國的麵包，則更加令人心動了，法國有150多種口味的棍形麵包、羊角麵包、胡桃麵包、葡萄麵包和傳統酵母發酵的圓形大麵包等。

遊法國不僅是視覺的享受，更要體會味覺的大餐。

精典的法國棍形麵包，是各個年齡段人的最愛。

12 摩納哥的精彩生活

如果世界上有一處地方能與杜拜的魅惑相媲美，那一定是地中海沿岸的摩納哥。如果有一處生活能稱之為流金歲月的話，那一定是摩納哥的狂歡與放縱，享受與奢華的日日夜夜。這處被譽為鑽石港灣的地方，著實綻放著鑽石般的光彩。

摩納哥這個袖珍國的道路並不寬廣，偏偏名車如雲，經典的、老式的、最新款的，令人目不暇接。衣飾光鮮的名貴，神情倨傲的開著豪華跑車；咖啡館臨窗位置，名媛悠閒的品著咖啡，盡情的享受著純淨溫暖的地中海陽光。摩納哥的生活處處彰顯著華貴而悠然的氣息，稱之為「富人的天堂」恰如其分。

摩納哥是每個人心中的夢，是一個絢麗而華美的夢。

一棟棟觀瀾豪宅張揚著主人的個性，一排排各色的遊艇整齊的停駐在寧靜的摩納哥海灣中，養眼的帥哥美女間或出入其中。陽光明媚的日子，這些私人遊艇就會揚帆而行，拖曳著滔滔白浪，駛向流光溢彩的地中海深處。海天一色中，或派對或釣魚或暢遊，盡得享受本色。累了，躺在遊艇上曬曬太陽，或者乾脆遙望不遠處遊艇上的盛宴，亦是樂事。

當你既有閒情又有閒錢時，摩納哥就是你的天堂。海水、沙灘、藍天、陽光，這本就是俗世中每個人的夢想。摩納哥將之極致放大，一切都極致的美麗，極致的奢華，極致的狂歡，卻又極致的典雅，極致的高貴。

摩納哥，就像一處遙不可及的天堂，不過此天堂就在地中海畔。

13 風車・木鞋・鬱金香

風車、木鞋、鬱金香所串起來的浪漫與柔和，給人無限的遐想與企盼。荷蘭，這個如詩似畫的田園國家，唯有深入其中，方能讀懂其真正的韻味。

風車誕生於荷蘭，源於海潮對荷蘭國土的侵蝕。1229年荷蘭人發明了世界上第一座風車，利用風能轉換滄海桑田，營造生息的家園。荷蘭人成功了，歐洲流行的那句話「上帝創造了人，荷蘭風車創造了陸地」便是證明。幾百年過去，隨處可見的風車已經成為荷蘭獨特的風景。荷蘭風車一般呈八角形，也有六角形或者十二角形，遠遠望去，風車就像垂直的十字，古樸典雅的豎立在地平線上，隨風轉動，即使靜止時也充滿了動

感。湛藍的天空，迷人的雲朵，優雅的風車，周遭寧靜安逸，猶如純淨的童話世界一般，這一幕會永遠烙印在你的記憶裡。

荷蘭現在依然轉動的風車只有千座，與鼎盛時期的萬座已不能相比，但是這並不妨礙風車於荷蘭的意義。風車

*鬱金香就是荷蘭的另一個名字，它芳香而斑斕，猶如荷蘭給人的印象。

是荷蘭民族的驕傲和象徵，也是荷蘭文化的傳承與張揚。每年5月的第二個星期六是荷蘭傳統的風車節，在那一天全國風車一起轉動，講述著荷蘭前人耕耘家園的故事。

在荷蘭抬頭是風車，低頭是木鞋。荷蘭木鞋呈船形，鞋底厚實，鞋頭上翹，雕空的木頭中填充稻草，穿上既舒服又暖和。幾百年歲月，木鞋已從原先的實用，演變為一種工藝，現在更成為荷蘭文化不可或缺的部分。在荷蘭，嬰兒出生時，就會收到父母精心準備的一雙小木鞋，寄予承遞傳統一生與木鞋相伴的信念；熱戀時，男生要為自己的女友準備一雙木鞋，並刻上女友的名字，作為愛情的信物；結婚時，丈夫更要送與妻子無比精美的木鞋，以示與子偕老。

荷蘭木鞋的影子無處不在，不論繁華都市還是海濱小鎮，總是能看到木鞋靜靜的躺在某個角落，裝點著濃郁的荷

蘭風情。不過某些小鎮的田間或者海灘，依然有農民、漁民腳踩木鞋辛勤勞作，這是對傳統的守衛。

暮春時節，荷蘭圍海造田的田野上一簇簇盛開的鬱金香，彷若給大地鋪上了斑斕的地毯，這是荷蘭的國花，給荷蘭春天帶來了色彩的喧囂。朱紅色的牆壁，綠色的三角形屋頂，荷蘭古老的建築並不擁擠，每一處拐角都有鬱金香撲面而來，彼此相映，倒是不失自然之趣。荷蘭人把每年最接近5月15日的星期三定為「鬱金香」節，這一天鬱金香流光溢彩，搖曳著醉人的芬香。

風車之國，木鞋之國，漫野的鬱金香，荷蘭把傳統與浪漫結合到了極致，超乎現實又不離自然。

※古老的風車早已轉動千年，不變的是它永遠純淨的身影。

14 歌劇的魅力

　　義大利是歌劇的故鄉，歷史上第一齣歌劇便誕生在這裡。有人把歌劇定義為「一種華麗而非理性的娛樂」，這種獨特而奢侈的藝術形式，包含了劇情、歌詞與對白、樂器演奏、聲樂、舞台布景與服裝設計、舞蹈等元素。在幾個世紀中，義大利孕育出的歌劇作曲家與作品不勝枚舉，許多至今仍盛演不衰的名作如《茶花女》、《阿依達》、《杜蘭朵》等也都出自義大利作曲大師之手。現在，世界各地的歌劇院裡雖然也有許多德文、法文等其他國家語言的劇目，但義大利歌劇仍然保有其不可動搖的主流地位。

　　一齣歌劇的結構按時間的先後順序和表現形式，大致可分為以下幾個部分：1.序曲或前奏曲。開場的管絃樂曲渲染出這齣歌劇的意境與輪廓，幕與幕之間有時也會插入一段前奏曲。2.幕。通常一齣歌劇可分為35幕不等，一幕結束後，舞台上的布幕拉上，工作人員在幕後更換布景，樂團則開始演奏下一幕的前奏曲，前奏曲奏完，布幕重新開啟。3.詠歎調。為表達劇中人物心境的獨唱曲，這通常是一齣歌劇中最受注目的部分。由於詠歎調的相對獨立性，也成為歌唱家舉辦演唱會時必備的曲目。4.宣敘調。用來交代劇情與人物之間的對話，通常旋律比較單純，有時只有單一樂器伴奏。5.重唱與合唱。內容為劇中人物的對話

※鳳凰歌劇院內金碧輝煌的皇家包廂。

或各自表述心中的想法，尤其多人重唱的段落往往能營造出內容層次十分豐富的音樂效果。合唱則主要代表群眾，呼應劇中人物的表演。

　　蒙特威爾第的《奧菲歐》是現存歌劇中具有戲劇表現性的最早作品。羅西尼的《賽爾維亞的理髮師》中，到處有著羅西尼獨特的使聽眾大吃一驚的「羅西尼漸強」和使人聯想到驚險雜技的「克羅拉托拉」。此外他的《義大利少女在阿爾及利亞》、《灰姑娘》也都是喜劇珍品。董尼才第除了喜劇作品《愛情靈藥》外，悲劇《拉美默爾的露西亞》更是現在上演次數最多的名作。威爾第最為人們熟知的作品有《茶花女》、《那布克》等，而其後期作品《阿依達》更以其壯麗的場面給人們留下了深刻的印象。普契尼正是看了《阿依達》後下決心要成為作曲家，他為世人留下了《托斯卡》等名作。其中採用了異國劇目的《蝴蝶夫人》、《杜蘭朵》等曲目中，地方民謠也被巧妙地組織在旋律裡，形成了非凡的

✤歌劇現場演員投入的表演和舞台盛大的場面，都是吸引觀眾的最有效手段。

效果。

　　歌劇季通常是從10月左右開始到第二年的6月左右。在歌劇季開幕之前，去劇場能看到介紹本年度上演節目的小冊子。但到公演時，還需再確認一下演員介紹、票價以及售票的具體時間，因為節目變更是常有的事。歌劇季的開幕日和首次演出時穿禮服是常識，劇場裡往往滿是穿著晚禮服和長裙的紳士淑女。

　　來義大利看場歌劇吧！哪怕只有一次。

15 義大利美食

✤美味的義大利麵。

　　世界上可以與中國餐館在數量與歡迎度上並駕齊驅的只有義大利餐館。歷史上，義大利是由眾多不同的小邦國組成，各有其獨特的文化，這種歷史背景也使得義大利各地菜式各自發展出自己的風味。另外，地理環境的差異性造成了不同地區不同的風味特產，也是造成各地風味不盡相同的原因。

　　各地區的風味和材料各有差異，但義大利菜仍有一項共同的特色，就是烹調者與享用者的品味，對義大利人來說，「吃」不僅為了求飽，更是生活中的重要構成元素與內容，因為尊重與講究美食的態度，造就了義大利菜的卓絕魅力，更進而成為義大利的文化內涵之一。

　　義大利餐館很多，在羅馬和米蘭等大城市，每個城市都有各種大小餐館上千家。正式餐館包括義大利本國具有民族風味的餐館和各式外國餐館，規格不一，風味也不同。去高級餐廳穿著要正式，點餐要點全套，費用較高，每人平均消費至少在100歐元以上。大眾餐館的規矩較少，可以隨意穿著，點菜方式也較自由，每人平均消費一般約20～30歐元。酒吧和咖啡館是最平常的餐廳，咖啡館從早到晚供應咖啡與小點心。酒吧裡除了酒之外，還供應簡單的食物如三明治等，價位相當大眾化。快餐店則幾乎在所有重要景點附近都能找到，在快餐店，可以直接向店員點陳列在櫃檯上的菜品，店員會幫你用微波爐加熱，結賬後即可端著盤子找座位。酒吧、咖啡館及自助式的家庭餐廳可能從早上營業到深夜。

　　最早的義大利麵約成型於13～14世紀。到文藝復興時期後，義大利麵的種類和醬汁也隨著藝術的發展逐漸豐富起來。在義大利本地，義大利麵條被明文規定須採用100％優質小麥

✤義大利各種小餐館應有盡有。

✾讓人垂涎欲滴的義大利美食。

麵粉及煮過的良質水製作，都不可添加色素及防腐劑，除了原味麵條外，其他色彩繽紛的麵條都是用蔬果混製而成的。

義大利麵的形狀千奇百怪，扁平形的如義大利寬麵、義大利扁平細麵、波浪寬扁麵等，通心粉型的有如水管的蔥管麵與斜管麵，像小貓耳朵的耳形麵、像螺絲釘的螺旋麵，像餃形的方形麵餃、餛飩般的卡佩拉奇麵餃、像飛碟般的貝殼形麵餃等等。

那不勒斯是披薩的故鄉。16世紀早期，探險家們把番茄從美洲帶回歐洲，但人們一直以為這種果實有毒。直到兩個世紀以後，才有人發現它的美味。後來，以麵包為主食而很少吃到其他食物的那不勒斯農民，把這種新配料加到了麵包上。於是在17世紀晚期，披薩出現了。1830年，世界上第一家披薩店開張，這家餅店的披薩是在烤爐裡烘製的，爐膛用維蘇威火山的熔岩砌成。據統計，現在義大利總共有兩萬多家披薩店，其中那不勒斯地區就有1000多家。大多數那不勒斯人每週至少吃一個披薩，有些人幾乎每天午餐和晚餐都吃。食客都習慣將披薩折起來拿在手上吃，這便成為現在鑒定披薩優劣的依據之一：披薩必須軟硬適中，即使將其折疊起來，外層也不會破裂。

到20世紀初，在美國東海岸定居的那不勒斯移民開始在家裡製作披薩了。而戰爭中一些曾在那不勒斯及其附近服役的美國大兵，回國後也渴望吃上披薩，他們的熱情也感染了親朋好友，產生了對披薩的需求，披薩熱潮開始席捲美國。今天，披薩在美國每年的銷售額已達320億美元。1958年，在堪薩斯州創立的必勝客，40多年後分店已遍布全球。餡料也由義大利披薩簡單的番茄和乳酪增加到了海鮮、醃肉、火腿、蘑菇、青椒等等。

義大利農業部制定了一整套那不勒斯披薩製作準則，對披薩的大小、用料、烤製工具乃至柔韌程度都作出了詳細規定。根據那不勒斯披薩協會的標準，製作披薩的麵必須用手揉，烤爐必須用磚或類似材料砌成，用木頭作燃料，麵餅必須熟透，但表面不能有硬皮，麵餅的邊緣要高而柔軟。更嚴格的標準例如，只能使用義大利兩個地區出產的用水牛奶製成的莫扎里拉乳酪。這樣看來，在美國銷售的披薩，幾乎全都

✾誘人的披薩是義大利的原產。

明顯地不符合那不勒斯的標準。

上等披薩必須具備4個特質：新鮮餅皮、上等乳酪、頂級披薩醬和新鮮餡料。餅底一定要現做，麵粉則用甲級小麥研磨而成。再選用純正的莫扎里拉乳酪。將麵粉加上配料和勻揉好做成底坯，在上面鋪上一層由鮮美番茄混合純天然香料製成的披薩醬料，再撒上莫扎里拉乳酪，均勻地放上海鮮、義式香腸、加拿大醃肉、火腿、蘑菇等各種新鮮餡料。放入烤爐，幾分鐘後，一個美味的披薩就可以出爐了。

16 維也納咖啡物語

歐洲人常說，是土耳其人將咖啡帶入歐洲，但是維也納人卻讓品嚐咖啡變成了一種文化、一種藝術、一種生活。如今，咖啡已經成為維也納人生活中的一部分，他們甚至把咖啡和音樂、華爾滋相提並論，稱為「維也納三寶」。

17世紀時，咖啡已經出現在一些伊斯蘭國家的大小城市裡。但在歐洲，卻沒人知道這種飲料。直到1683年，土耳其軍隊第二次進攻維也納戰敗後，留下了大量的武器、彈藥，還有好幾百個裝著神秘的棕色小豆的大口袋。當時的維也納人都不知道這小豆子是什麼東西，除了一位曾經潛伏在君士坦丁堡的波蘭密探。他用這些在戰場上繳獲的棕色小豆煮成咖啡，並在維也納開設了第一家咖啡館。但是，咖啡館起初的生意並不好，維也納人喝不慣這種苦苦澀澀的味道。後來，這位波蘭人嘗試著在咖啡裡加入牛奶，製成了一種叫米朗琪的咖啡，這種咖啡深得維也納人的喜歡，並在17世紀80年代開始風靡至今。

在維也納的各個角落，都不難發現咖啡館的蹤影，有人說，維也納是五步一咖啡。而對維也納人來說，咖啡館不僅是喝咖啡的地方，還是讀報、寫信、打牌、打檯球、下棋娛樂、與朋友花上幾小時談天說地的地方。只要來到咖啡館，

❉一杯香濃的咖啡就能帶你走進一個世界。

客人想待多久就可以待多久，就算咖啡館裡面已經坐滿了，老闆也不會對久坐的客人有任何抱怨之詞，這也是維也納咖啡館百年不變的傳統。

位於維也納市中心的中央咖啡館是維也納最出名的一個咖啡館。在第一次世界大戰前，這裡一直都是藝術精英、政壇要人、社會名流的聚集之地，包括莫札特、貝多芬、舒伯特、史特勞斯父子等都是這裡的常客。此外，在維也納還有許多知名度很高的咖啡館，它們總是與一些過去或現在的知名人士有著密切的關係。而熱情的維也納人也喜歡如數家珍地告訴遊人，哪些藝術家和作家通常喜歡在哪一家咖啡館聚會，哪些政治家愛在哪一家咖啡館與記者們見面等。

「一個客人坐在咖啡館裡喝咖啡。」35年前，維也納咖啡館文學大師托貝格寫下了這句很難悟透的名言。也許，它正是維也納咖啡文化的最精闢的寫照。

✳人們對咖啡的熱愛早已演變成一種文化和藝術，甚至是一種生活。

⒘ 施華洛世奇的水晶帝國

明明知道施華洛世奇並不是水晶，可是那純淨的品質，那夢幻般的七彩，那完美的切割以及無與倫比的設計，主導國際潮流的風範，誰能抵擋？每個女孩都祈禱能擁有一件施華洛世奇，因為那是精靈的淚滴，藏有女孩心底的秘密，曾經的感動，曾經的微笑，曾經的那個大男生。施華洛世奇，百年華彩流轉，一方晶瑩璀璨，夢想與現實就改變了位置。

施華洛世奇已然成為水晶傳奇，1976年施華洛世奇最為成功的設計，一隻水晶小老鼠誕生，此後超凡的創意將水晶折射出的光彩演繹得令人沉迷。純潔的天鵝是施華洛世奇公司的標記，因為一萬顆仿水晶也難抵碧空中輕盈振翅的天鵝優雅華麗。融入自然的理念成就了施華洛世奇。

全世界僅有的兩間施華洛世奇工廠位於小鎮瓦騰斯。對於傳統，施華洛世奇家族有著固守的執著，家族內部世代相傳水晶製作和切割工藝，並且沿用傳統的方式經營著自己的水晶帝國。

✳水晶質地堅硬，代表著純潔、高貴、卓爾不群、纖塵不染的品質，長久以來成為愛情純潔堅貞的象徵。而奧地利的施華洛世奇水晶製品，百年來幾乎成為西方婚禮中不可缺少的祝福。

阿爾卑斯山脈一角是夢幻所在，1995年施華洛世奇百年華誕之際，在這裡修建了「施華洛世奇水晶世界」，7個展廳流光溢彩，12噸水晶修砌的幕牆彷彿集中了全世界的華彩，喚起了你童年的記憶。

施華洛世奇水晶帝國，意義不止水晶。

18 玫瑰盛開在保加利亞

一朵嬌艷欲滴的玫瑰勝過千句甜言蜜語，沒有哪個女孩能抵擋住玫瑰的誘惑。世界上的玫瑰千萬種，印度玫瑰鬼魅、俄羅斯玫瑰柔和、埃及玫瑰鮮艷、土耳其玫瑰甜蜜，只是都沒有保加利亞玫瑰完美。

保加利亞的玫瑰盛開在卡贊勒克「玫瑰谷」。每年初夏，整個玫瑰谷瀰漫著沁人心脾的濃郁花香，醉人而不濫情，些許甜蜜，些許濃烈，些許冰冷，些許熾熱，明明就是愛情的味道，愛情一定停駐在玫瑰谷。此刻，天堂就在身邊，玫瑰綻放，粉紅色像情人的小手、綠色是一封激情的情書、藍色是純淨的雙眸、金黃色更是浪漫得一塌糊塗。所有的顏色都是那麼的簡單又那麼令人迷戀。

上溯幾百年，保加利亞就以玫瑰為國花，他們尤其喜愛玫瑰那遍身的芒刺，因為這是不屈與堅韌的象徵。無與倫比的提煉技術成就保加利亞玫瑰精油「液體黃金」的美譽。

玫瑰是愛的語言，是女人的最愛，更是保加利亞不變的色彩。

每年六月的第一個星期日是玫瑰節，「玫瑰姑娘」們將花瓣撒向人群，玫瑰花農跳著豐收的舞蹈，尤其那來自世界各地的情侶，笑靨如花。

保加利亞，上帝給了它絕佳的地理位置，使之成為「巴爾幹睡美人」，於是它擁有了世界上最好的玫瑰，在這裡，你會明白為什麼愛情之花是玫瑰，而不是其他。

19 挪威的森林

✿山水間的輕唱，唱不完山山水水間永恆的依戀。

✿詩般的情懷造就詩般的森林。

「海潮的清香，遙遠的汽笛，女孩肌體的感觸，洗髮香波的氣味，傍晚的和風，縹緲的憧憬，以及夏日的夢境……」這是村上春樹筆下的世界，就像披頭四歌裡挪威的森林一般朦朧又撩人，「那裡湖面總是澄清，那裡空氣充滿寧靜，雪白明月照在大地」，伍佰歌裡挪威的森林如止水般靜謐，藏有不願提起的秘密。也許冰雪與森林的結合注定充滿了迷惑與神秘，有一種微妙無以名狀的感受。

不同的角度，不同的經歷，挪威的森林給你不同的感受。村上春樹找到了孤獨和虛無，我們看到的可能就是童話裡的幸福。挪威的森林不像原始森林蒼茫深邃，絕世之外的潔淨淳樸，童話般的恬靜幸福，這裡是比任何傳說都更像仙境的地方，七個小矮人就在挪威森林某個角落採摘著紅漿果。

挪威山巒疊嶂，點點小鎮就藏在山巒深處，之外便是森林，也只是森林，在你不經意間就會出現在你眼前。森林是挪威的精靈，白樺林、冷杉林密密的鋪開，似真似幻。本來一片濃濃的綠色，夕陽西下便霞衣披身，等待著盛裝的騎士；遇到瀑布，浪花四濺中的森林那般透明，猶如出塵的高士；山野間偶然可見的教堂，莊嚴寂靜。

傳說森林木屋裡有美麗的仙女，啟程吧，去挪威，去森林，尋找自己的木屋和仙女，那是童話裡的幸福。

20 聖誕老人在拉普蘭

雪絨花綻放，聖誕樹點亮，我們假寐，悄悄望向窗外，等待劃過午夜星空的可愛老頭。垂肩的紅色軟帽，捲曲的白色鬍鬚，紅色的皮袍，還有那大大的口袋。滿頭銀髮的聖誕老人乘著8匹馴鹿拉著的黑色雪橇車來到屋頂煙囪邊。聖誕節，孩子們關心的不是聖主的降臨而是襪中的禮物。

有人笑言白鬍子聖誕老人應該來自白羊星座，但是當你

立於芬蘭拉普蘭冰雪之上時，你會肯定的對自己說：「這裡一定是聖誕老人的故鄉。」北極圈更北的拉普蘭，「歐洲最後一塊原始保留區」，從10月到次年5月洋洋灑灑飄雪如絮，天地間銀裝素裹，出於塵世的冰清玉潔，童話般的寧靜淡然。所望之處，森林迷濛，陽光照射雪冠點點閃爍，彷若墜入凡間的精靈。不時可見冰封的湖泊，碧空下泛著微微的幽藍，游動的魚兒在澄淨的冰凌下優游。拉著雪橇的馴鹿踏雪無痕，悠然緩慢的穿行在白樺林間，偶爾的停駐只因雪色白芒。

　　薩米人，拉普蘭的原住民，在北極一望無際的冰原上無拘無束的生活了幾千年，他們只要有帳篷和馴鹿，就足以安居樂業。鹿鈴清脆，放牧而歸的薩米人活脫脫一個聖誕老人，輕搖鞭響，穿越蒼穹的歌聲，是否敲響了你的心門？關於聖誕老人故鄉的傳說很多，不論北歐神話中的奧丁神或者小亞細亞巴大拉城的尼古拉，想必到了拉普蘭也會停住腳步。此處，也只有此處才能配得上聖誕老人。

　　聖誕老人將自己的木屋建在拉普蘭耳朵山上，他有一雙野兔似的耳朵，用來聆聽小朋友的心願，他的手工作坊精心製作著全世界小朋友的禮物。全世界小朋友太多了，於是拉普蘭有了一個聖誕老人村，不可琢磨的北極圈穿村而過。這裡最忙的就是聖誕老人村郵局，十多個穿戴紅衣紅帽的「小精靈」穿梭不停協助聖誕老人回覆信件。這裡所有的信件都會回覆，因為聖誕老人承載著孩子們的夢想和希望。

　　還記得年少的夢嗎？還記得徹夜不眠等待新年禮物的忐忑嗎？來拉普蘭吧！

✤拉普蘭，純淨似水，溫馨如夢，那裡沒有年齡，沒有家長，只有稚嫩的童音和天真的笑容。

✤拉普蘭，那是一個現實和童話交融的地方。

全球最美的地方——驚豔歐洲

作　　者	《環球國家地理》編輯委員會
發 行 人	林敬彬
主　　編	楊安瑜
統籌編輯	李彥蓉
責任編輯	汪　仁
內頁編排	帛格有限公司
封面構成	帛格有限公司

出　　版	大旗出版　行政院新聞局北市業字第1688號
發　　行	大都會文化事業有限公司
	11051台北市信義區基隆路一段432號4樓之9
	讀者服務專線：(02) 27235216
	讀者服務傳真：(02) 27235220
	電子郵件信箱：metro@ms21.hinet.net
	網　　　　址：www.metrobook.com.tw

郵政劃撥	14050529 大都會文化事業有限公司
出版日期	2010年8月初版一刷
定　　價	280元

I S B N	978-986-6234-09-5
書　　號	Image-14

Metropolitan Culture Enterprise Co., Ltd
4F-9, Double Hero Bldg.,432,Keelung Rd.,Sec.1,
Taipei 11051,Taiwan
Tel:+886-2-2723-5216　Fax:+886-2-2723-5220
Web-site:www.metrobook.com.tw
E-mail:metro@ms21.hinet.net

◎本書由吉林出版集團有限責任公司授權繁體字版之出版發行
◎本書如有缺頁、破損、裝訂錯誤，請寄回本公司更換
　　版權所有・翻印必究
Print in Taiwan. All rights reserved.

國家圖書館出版品預行編目資料

全球最美的地方：驚豔歐洲 / 環球國家
　地理編輯委員會著. ─ 初版. ─ 臺北市：
　　大旗出版：大都會文化發行，2010.08
　　　　面；　　公分
　　　ISBN 978-986-6234-09-5(平裝)

　　1.自然地理 2.人文地理 3.歐洲

740.6　　　　　　　　　　　　　99011450